Anita Hermann-Ruess

Speak Limbic – Wirkungsvoll präsentieren

Präsentationen effektiv vorbereiten, überzeugend inszenieren und erfolgreich durchführen

BusinessVillage
Update your Knowledge!

Anita Hermann-Ruess

Speak Limbic – Wirkungsvoll präsentieren
Präsentationen effektiv vorbereiten, überzeugend inszenieren und erfolgreich durchführen
Göttingen: BusinessVillage, 2006
Druck März 2006, 625-1
ISBN 10: 3-938358-27-0
ISBN 13: 978-3-938358-27-6

Bezugs- und Verlagsanschrift

BusinessVillage GmbH
Reinhäuser Landstraße 22
37083 Göttingen

Telefon: +49 (0)5 51 20 99-1 00
Fax: +49 (0)5 51 20 99-1 05
E-Mail: info@businessvillage.de
Web: www.businessvillage.de

Layout und Satz

Sabine Kempke

Illustrationen

Marc Hautmann, Ulm
www.zehnhoch.de

Foto Seite 3

Sascha Riethbaum, Wangen
www.riethbaum.de

Copyrightvermerk

Bestellnummern

PDF-eBook Bestellnummer EB-625, 14,80 €
Druckausgabe Bestellnummer PB-625, 21,80 €
ISBN 10: 3-938358-27-0
ISBN 13: 978-3-938358-27-6

BusinessVillage
Update your Knowledge!

Über die Autorin

Anita Hermann-Ruess, M.A., Rhetorik- und Kommunikationsexpertin, ist Inhaberin der Firma Hermann-Ruess und Partner. Nach ihrem Studium der Rhetorik und Linguistik an der Universität Tübingen und zusätzlichen Weiterbildungen gründete sie ihre eigene Firma.

Sie trainiert und berät seitdem als Expertin die unterschiedlichsten Branchen. Weiterhin ist sie gefragte Referentin und Dozentin an Hochschulen und in der Wirtschaft.

Ihr Erfolgsrezept: Sie verbindet auf einmalige Weise 2.500 Jahre klassische Rhetorik mit den neuesten wissenschaftlichen Erkenntnissen der Gehirnforschung und geht damit einen neuen, zukunftsweisenden Weg. Mit diesem Wissen hat sie das in diesem Buch vorgestellte Limbische Kommunikationsmodell entwickelt.

Teilnehmer und Kunden setzen mittlerweile dieses neue Wissen beim Präsentieren, im Verkauf und im Management erfolgreich ein und setzen damit neue Maßstäbe.

Kontaktdaten der Autorin:

Anita Hermann-Ruess
Eisenbachweg 13
88279 Amtzell
Telefon.: +49 (0) 75 20 92 31 53
Telefax: +49 (0) 75 20 92 31 91
E-Mail: seminare@hermann-ruess.de
Internet: www.hermann-ruess.de

Anita Hermann-Ruess steht Ihnen gerne zur Verfügung für firmeninterne

- Präsentationskurse
- Verkaufstrainings
- Vertriebs-Workshops: Verkaufsargumente, Formulierungen und Worte in allen limbischen Codierungen generieren
- Rhetoriktrainings

Danksagung

Ein Buch zu schreiben ist ein komplexes Geschehen, das jeden Denkstil fordert. Ich danke allen, die dazu beigetragen haben, meine Denkstile abzurunden:

Ich danke meinem Verleger Christian Hoffmann, der wichtige Weichen für dieses Buch gestellt hat.

Ich danke der HR-Managerin Claudia Salvischiani dafür, dass Sie mich mit ihrer zwingenden Logik immer wieder von Nebengleisen auf das Hauptgleis zurückgeführt hat.

Ich danke der Managementtrainerin und Beraterin Brigitte Bröhm dafür, dass Sie dafür gesorgt hat, dass die Lok in die richtige Richtung fährt. Manchmal hat sie ganze Waggons entkoppelt, neu angeordnet oder schöne neue Abteile angeregt.

Ich danke der Unternehmensberaterin Sabine Coners dafür, dass Sie sich neben mich in die Lok gesetzt hat und mich mit ihrer ganzen Menschlichkeit und Freundschaft unterstützt hat. Sie hat parallel zur Entstehung dieses Leitfadens damit eine Präsentation vorbereitet und immer wieder rückgemeldet, wenn etwas unverständlich oder in der Praxis schwierig umzusetzen war.

Ich danke meinem Mann Berthold Ruess dafür, dass er mich mit seinem journalistischen Know-how unterstützt hat und manche stilistische Entgleisung verhinderte.

Ich danke allen Teilnehmern meiner Rhetorikseminare, die sich seit Jahren in die Abteile setzten und mit mir zusammen den Weg der multidimensionalen Rhetorik gefahren sind. Ich danke ihnen für jede Anregung, jede tolle Idee und jede gelungene Umsetzung, die während der gemeinsamen Arbeit entstanden ist.

Vorwort

Präsentieren bedeutet Ziele erreichen: den Auftrag erhalten, andere von eigenen Ideen überzeugen, kompetent und sympathisch ankommen. Je öfter wir unsere Ziele erreichen, umso aktiver formen wir unsere Arbeits- und Lebenswelt. Wir werden in unserem Wirken selbstsicherer und erfolgreicher. Präsentationen zu halten bedeutet für viele Menschen Angst und Stress. Dabei können Sie hier Einfluss nehmen: auf Ihr unmittelbares Umfeld und auf den Fortgang Ihres beruflichen Weges. Nutzen Sie diese Chance – zeigen Sie, was in Ihnen steckt!

Und wie genau Sie Ihre Ziele erreichen, erfahren Sie in diesem Buch. Der Praxisleitfaden ist so aufgebaut, dass er Sie wie in einem Rhetorik-Coaching vom Präsentationsauftrag bis zum Erreichen Ihres Zieles Schritt für Schritt begleitet – mit Fragen, Tests, Ideen und Checklisten. Praxisnahe Beispiele beleuchten die Theorie aus unterschiedlichen Perspektiven. **Rhetorik, Gehirnforschung und Präsentationstechnik** bilden die drei Säulen für Ihren Erfolg.

Die **Rhetorik** ist eine empirische Wissenschaft. Sie beobachtet seit 2.500 Jahren die Praxis und beschreibt, was funktioniert und was nicht funktioniert. Daraus leitet sie dann Regeln und Methoden ab. Diese gelten nicht nur für Präsentationen, sondern auch für Gespräche, Diskussionen und Debatten. Und so ist auch dieses Buch entstanden. Seit zehn Jahren beobachte ich Menschen beim Präsentieren. Die Präsentationen meiner Teilnehmer zeichne ich mit der Videokamera auf, auch die Reaktionen der Zuhörer. Gemeinsam analysieren wir dann, welche Aktionen erfolgreich waren und welche nicht. Mit diesem Feedback verändern die Präsentierenden dann ihre Präsentation, die ich wieder aufzeichne, wieder mit der Reaktion der Zuhörer. Häufig ist dann Folgendes zu sehen: Aus Zuhörern, die abwesend oder verschlossen waren und die dem Präsentierenden das Leben schwer machten, sind aufmerksame, interessierte und überzeugte Mitverfechter seiner Sache geworden. Und aus diesen erfolgreichen Änderungen leite ich dann neue Regeln ab. So ist mein Instrumentarium von Jahr zu Jahr immer präziser geworden. Und diesen Erfahrungsschatz möchte ich mit Ihnen teilen, damit Sie, wie in einem praktischen Training, davon profitieren können. Sie erfahren viele anschauliche Beispiele aus meiner Seminarpraxis, an denen Sie sich orientieren können.

Die zweite Säule bildet die moderne **Gehirnforschung,** vor allem das Modell der „Limbischen Instruktionen“ von Hans-Georg Häusel und die Denkstilanalyse von Ned Herrmann. Die Gehirnforschung schaut den Menschen in die Köpfe und ergründet, welche Menschentypen es gibt, wie diese Informationen aufnehmen, verarbeiten und zu Entscheidungen kommen. Wir wissen heute, dass es unterschiedliche „Gehirntypen“ gibt und wie sich diese unterscheiden. Das bedeutet: Es gibt auch vier sehr unterschiedliche Präsentationsstile, die Präsentierende kennen sollten, wenn sie Erfolg haben wollen. Mit diesem Wissen können wir unsere Präsentation genau auf unsere Zuhörer abstimmen und Entscheidungen positiv lenken. Denn nur wer die Programme im Kopf seiner Zuhörer kennt und anspricht, wird wirklich verstanden, kann überzeugen und somit seine Ziele erreichen. Erfolg wird berechenbarer – nicht nur in Präsentationen, sondern auch in Verkaufsgesprächen, im Marketing, in der Werbung, in der Weiterbildung, in Mitarbeitergesprächen, bei Produktinnovationen.

Die dritte Säule dieses Leitfadens bildet die **Präsentationstechnik:** Beamer, Laptop, Multimedia bestimmen heute unser Bild von Präsentationen – und immer mehr kritische Stimmen werden angesichts der langweiligen Folienschlachten laut. Irrtum PowerPoint? Chance und Risiko zugleich. Wie können wir die technischen Möglichkeiten intelligent und kreativ nutzen, ohne uns ihnen auszuliefern? Auch darauf gibt der Leitfaden Antworten. Präsentationsprogramme wie PowerPoint dürfen sich nie in den Vordergrund drängen und Ihnen die Show stehlen. Sie dürfen Sie nur dabei unterstützen, Ihre Ziele zu erreichen! Wenn Folien, dann mit überzeugendem Charakter und gehirn*typ*gerechter Wirkung.

Sie haben schon Präsentationen gehalten und wollen nun noch besser werden? Sie wollen sich wohltuend abheben vom Folieneinerlei, Sie wollen Ihre Teilnehmer fesseln? Sie wollen die Macht der Körpersprache nutzen, Vertrauen auszustrahlen und Menschen zu gewinnen? Ob Anfänger, Fortgeschrittene oder Profis – für Sie alle ist dieser Leitfaden geschrieben mit dem Ziel, dass Sie mit Ihren Präsentationen Erfolg haben. Und ob Sie Erfolg haben oder nicht, bestimmen Ihre Teilnehmer. Nicht irgendwelche – sondern die ganz konkreten Menschen, die Ihnen morgen gegenübersitzen: der detailverliebte Controller Herr Bittel, der kritische Herr Dr. Hansing, das gemischte Einkaufsteam der novotech AG, die unbekannten Teilnehmer der Messe Interboot usw. Hierzu erhalten Sie Anleitungen, mit welchen Strategien, Argumenten, Formulierungen und Veranstaltungsdramaturgien Sie auf die unterschiedlichen Teilnehmertypen wirken und wie Sie sie überzeugen können.

Je größer das Spektrum an unterschiedlichen Handlungsmöglichkeiten, Methoden und Techniken ist, desto besser können Sie den unterschiedlichen Zielgruppen und Situationen gerecht werden, desto öfter erreichen Sie Ihre Redeziele und desto größer ist der Erfolg Ihres Unternehmens.

Ich wünsche Ihnen jetzt schon alles Gute für Ihre weiteren Präsentationen, in denen Sie souverän, kompetent und erfolgreich Ihre Redeziele erreichen! Wenn Sie Fragen haben oder Austausch suchen, mailen Sie mir. Wenn Sie das Gelesene unter erfahrener Anleitung trainieren möchten – schreiben Sie oder rufen Sie an. Wir bieten Rhetorik- und Präsentationstrainings an, in denen Sie vor Publikum Sicherheit gewinnen können und persönliches Feedback zur Steigerung Ihrer rhetorischen Kompetenz erhalten.

1. Der Präsentationsalltag – professionell vorbereitet und trotzdem kein Erfolg

Dieses Kapitel möchte Sie mit zwei grundlegenden Irrtümern heutiger Präsentationen bekannt machen:

- **Erster Irrtum:** die Vorherrschaft der Technik, vor allem von PowerPoint

- **Zweiter Irrtum:** die Eindimensionalität der Rhetorik, die mangelnde Ausrichtung auf unterschiedliche Persönlichkeiten

Irrtum PowerPoint?

Es geht nicht darum, PowerPoint zu verbannen, sondern dieses machtvolle Instrument effektiv und strategisch geschickt einzusetzen. Sogar Microsoft® hat 2005 im hauseigenen Verlag MicrosoftPress ein Buch veröffentlicht, das diese Entwicklung thematisiert: „Die Frustration beim Anblick langweiliger Aufzählungsfolien nimmt zu. Wir können sie nicht mehr sehen.“ (Atkinson: 2005, Seite 13)

Kennen Sie diese Situation? Sie sitzen als Teilnehmer in einer Präsentation. Der Raum: leicht abgedunkelt. Leise summt der Beamer. Vorne: ein Mensch. Er hantiert mit Kabeln und Steckern. Um Sie herum: Kollegen, Ihre Vorgesetzten. Die schenken sich Kaffee ein und lehnen sich skeptisch und verschlossen zurück. Mitten ins Gemurmel beginnt der Mensch dort vorne seine Präsentation. Auf einer leuchtenden großen Leinwand steht: „Herzlich willkommen!“ Er schaut die Wand an und wiederholt, was Sie schon längst gelesen haben: „Herzlich willkommen.“ Die Teilnehmer sinken noch tiefer in ihre Stühle. Was jetzt kommt, Sie ahnen es: die professionelle Aufzählungs-Folienschlacht. Prima strukturiert, mit perfekten Bildern, Animationen, sogar mit Video und 3D-Grafiken. Mit viel Text, mit vielen Vorteilen, mit anscheinend hohem Nutzen für Sie und Ihre Kollegen und Vorgesetzten. Mit einem von einer renommierten Werbeagentur gestalteten Master. Die Folie blendet langsam ein, dehnt sich aus und zieht sich beim Ausgang wieder zusammen, während im Halbdunkel eine monotone Stimme die Charts mit den vielen Aufzählungen abliest, den Blick starr auf die leuchtenden Folien gerichtet. Eine Folie löst die andere ab: 10 ... 20 ... 30 Folien. Sie nutzen die Zeit, um sich von Ihrem anstrengenden Berufsalltag zu erholen, und dösen mit geöffneten Augen. Was unser Präsentator leider nicht bemerkt – kehrt er Ihnen und Ihren Kollegen doch hauptsächlich seinen Rücken zu.

Die Diskussion danach ist hart: Kritische Fragen werden laut, Vorbehalte geäußert, Entscheidungen vertagt. Das kostet Zeit, das kostet Nerven, das kostet Geld. Oder, wenn es sich um eine Akquise-Präsentation handelte: Das kostet Aufträge!

Und unser Präsentator? Er versteht die Welt nicht mehr – hat er doch sein Bestes gegeben. Wenn er dann den Auftrag nicht bekommt, dann gibt es viele Schuldige: den Preis, die Konditionen, das Produkt – oder, immer wieder gut als Sündenbock geeignet: die heutige Wirtschaftslage. Und bei der nächsten Präsentation? Da denkt er sich: Letztes Mal hat es nicht gereicht! Ich muss noch mehr geben, noch besser werden. Und wählt, wie so viele, die Strategie: noch mehr vom Gleichen. Und was das bedeutet, ahnen Sie: noch mehr Folien, noch mehr Show – noch längere Nickerchen am Nachmittag für Sie. Doch wer tut, was er schon immer getan hat, der bekommt genau das, was er schon immer bekommen hat. Und so schließt sich ein ewiger Teufelskreis. Ein Teufelskreis, der nicht nur unseren Präsentierenden schädigt, sondern ganze Unternehmen, die ganze Volkswirtschaft.

Eine professionell vorbereitete Präsentation und trotzdem kein Erfolg! Woran das liegt? Es sind immer noch die Menschen, die uns überzeugen, und nicht die Technik, auch nicht eine noch so brillante. Gehen Sie im Geiste die Präsentationen oder Vorträge durch, die Sie beeindruckt haben, die Sie motiviert haben, die in Ihnen einen wirklichen Wandel im Denken oder Handeln hervorgerufen haben. Was haben diese Redner und Rednerinnen anders gemacht? Diese Frage stelle ich am Anfang meiner Rhetorikseminare und protokolliere seit Jahren die Ergebnisse: 85 Prozent der Antworten beziehen sich direkt auf die Person des Vortragenden. Und fast alle sagen: Es war keine Sekunde langweilig, wir hingen an seinen Lippen, er verstand uns und ging auf uns ein, er sprach unsere Sprache usw. Nie habe ich die Antwort bekommen: weil die Folien so professionell waren, weil wir die Botschaften gleichzeitig ablesen und hören konnten.

Der Mensch macht den Unterschied!

Mein Anliegen ist es, Sie dabei zu unterstützen, ein starker Präsentator zu werden, und Ihnen Mut zu machen, diesen Weg der sinnlosen Folienschlachten zu verlassen. Sie werden im nächsten Kapitel „Präsentation und Persönlichkeit“ erfahren, wie unterschiedlich Menschen sind und dass die einseitig mediale Aufbereitung nicht alle Menschen anspricht und überzeugt. Und Sie werden in allen weiteren Kapiteln Alternativen zu PowerPoint erhalten. Dem Thema „PowerPoint ganzheitlich, zweckmäßig und überzeugend einsetzen“ ist ein ganzes Kapitel gewidmet. Hier erfahren Sie die wichtigsten wissenschaftlichen Erkenntnisse zum Umgang mit PowerPoint und bekommen Anregungen zur wirkungsvollen Gestaltung Ihrer Folien.

Irrtum eindimensionale Rhetorik

Vielleicht kennen Sie auch diese Situation: Sie bereiten eine Präsentation vor. Sie bedenken die Bedürfnisse und Interessen Ihrer Zielgruppe. Sie argumentieren nicht egozentrisch – sondern stellen den Nutzen, den Ihre Teilnehmer durch Ihren Vorschlag oder Ihr Produkt erreichen, in den Vordergrund. Sie geben Ihr Bestes – und trotzdem: Was für

Sie spannend ist – lässt Ihre Zuhörer müde nicken. Was Sie ansprechend finden – stößt auf taube Ohren. Was Sie überzeugt – lehnen andere sogar ab!

In einer Zeit, in der hart um Zielgruppen, Kunden und Auftraggeber gekämpft wird, kann sich das niemand mehr leisten. Denn schließlich beabsichtigen wir mit unseren Worten etwas ganz Bestimmtes: Wir wollen Entscheider überzeugen, Kunden gewinnen oder unsere Teilnehmer motivieren. Doch die Zielgenauigkeit unserer Texte und Reden unterliegt immer noch dem Zufallsprinzip. Zuviel rhetorisches Pulver wird verschossen, ohne wirklich den Nerv der Teilnehmer zu treffen. Zu oft stochern wir im Nebel, wenn es darum geht: Analysieren Sie zuerst Ihre Teilnehmer! Es gibt keinen Ratgeber oder Berater, der nicht die Wichtigkeit einer Zielgruppenanalyse betont: Gehen Sie auf die Werte ein, auf Bedürfnisse, auf Alter, Glaubenssätze, Vorlieben usw. Und dann werden Sie allein gelassen. Welches sind die Werte meiner Teilnehmer? Welche Glaubenssätze steuern ihr Handeln? Wie **genau** formuliere und präsentiere ich zielgruppengerecht? Was mache ich, wenn ich keine Möglichkeit habe eine intensive Zielgruppenanalyse durchzuführen?

Ein Beispiel: Sie wollen ein Projekt vorstellen. Wir färben es nun mit Adjektiven ein:

- *ein Gewinn bringendes Projekt*
- *ein durchgeplantes Projekt*
- *ein menschliches Projekt*
- *ein inspirierendes Projekt*

Können Sie sich die passenden Körpersprachen und Stimmen dazu vorstellen?

Dann lesen Sie die vier Sätze laut vor: Hören Sie die feinen Nuancen heraus? Spüren Sie die unterschiedliche Wirkung? Sehen Sie den Unterschied?

Welche sprachliche Verpackung hat Sie am meisten angesprochen?

Überlegen Sie jetzt: Wem in Ihrem direkten Umfeld würden Sie ein und dasselbe Projekt mit welchem Adjektiv verkaufen? Tragen Sie die Ergebnisse in Tabelle 1 auf Seite 10 ein.

Würde schon diese kleine Differenzierung Ihnen helfen, Ihr Projekt überzeugender zu präsentieren? Gehen Sie in Ihrer Vorstellung ruhig alle Möglichkeiten durch, die sich Ihnen mit einer auf Persönlichkeitstypen differenzierten Rhetorik eröffnen.

Sie werden möglicherweise erleben, wie Sie plötzlich Ihren kritischen Vorgesetzten von Ihren Vorstellungen überzeugen, wie Sie mit schwierigen Kunden gute Abschlüsse erzielen oder wie Ihre Präsentation tatsächlich etwas bewirkt. Und vielleicht stellen Sie sich nach und nach die vielen positiven Auswirkungen einer Kommunikation vor, die den Verständnisgraben zwischen uns Menschen überbrückt, ein Graben, der durch unsere Verschiedenartigkeit entstanden ist: Wir hätten weniger Konflikte untereinander und mehr wirkliche Wertschätzung füreinander.

	Wem?	Warum?
Gewinn bringend		
Durchgeplant		
Menschlich		
Inspirierend		

Tabelle 1: Gehirntypgerecht formulieren

Ihre Zuhörer machen den Unterschied!

Menschen sind verschieden. Diese Verschiedenheit ist so grundlegend, dass wir sie mit einem – meistens dem eigenen – Sprachstil nicht überbrücken und somit mit unserer Kommunikation nie alle Menschen erreichen. Intuitiv sprechen wir immer nur die Menschen an, die ähnlich denken und fühlen wie wir, die die gleichen Werte teilen und ähnliche Vorstellungen haben. Schwierig wird es, wenn unsere Gegenüber anders denken, anders fühlen, andere Werte und andere Vorstellungen haben.

Die Gehirnforschung zeigt uns, dass dieser Unterschied grundlegender ist als bislang angenommen. Es gibt 6,5 Milliarden Menschen auf dieser Erde – doch diese Vielfalt lässt sich auf einige Grundtypen reduzieren. Natürlich kommen diese in Reinform nur selten vor. Doch für unsere Aufgabe, zielgerichtet zu reden, kann diese Einteilung – neben einer sauberen Problemanalyse und präzisem Beobachten – eine wertvolle Hilfe sein.

Als Trainerin erlebe ich diesen Unterschied anschaulich in meiner täglichen Arbeit: zum Beispiel wenn ich am Dienstag und Mittwoch eine Gruppe Ingenieure aus der Automobilbranche im nüchternen Schulungsraum schule und am Wochenende Vertriebsteams in einem inspirierenden Hotel: Es ist, als ob man es mit unterschiedlichen menschlichen Stämmen zu tun hat, so unterschiedlich sind ihr Vorgehen, ihre Vorlieben beim Lernen und natürlich ihre Art zu kommunizieren. Die Ingenieure loben in den Feedbackrunden die zwingende Logik, die Präzision der gelernten Techniken und die Steigerung Ihrer argumentativen Kraft durch das Training. Die Vertriebsmitarbeiter heben im Feedback meine motivierende Art, die einfallsreichen Trainings-Settings, die persönlichen Beispiele hervor. Und es handelt sich immer um dasselbe Thema: wirkungsvoll präsentieren!

Aus der gehirngerechten Präsentation wird eine gehirn*typ*gerechte

Verlassen Sie die eindimensionale Rhetorik – präsentieren Sie multidimensional in der Sprache Ihrer Zuhörer. Zwei Persönlichkeitsmodelle, die Sie dabei unterstützen, sich und Ihre Zuhörer besser einzuschätzen, lernen Sie im nächsten Kapitel kennen. In allen weiteren Kapiteln erfahren Sie, mit welchen rhetorischen Mitteln Sie vor welchen Persönlichkeitstypen am überzeugendsten präsentieren.

2. Präsentation und Persönlichkeit

Die Zuhörer sind Ihre höchste Instanz – bereits bei der Vorbereitung und in jeder Phase der Durchführung! Jedes Wort, jedes Argument, jede Aktion muss sich der Frage stellen, ob Sie damit einen Beitrag zur Überzeugung Ihres Publikums leisten oder nicht.

Ein kleiner Ausflug zum Thema „Überzeugen"

Überzeugen bedeutet, das Denken und Handeln anderer Menschen in Ihrem Sinne zu verändern.

- Menschen lassen sich nicht gerne überzeugen – das dient der Stabilität ihrer Persönlichkeit. Außerdem müssten sie sich dann ändern, und Veränderungen verunsichern und kosten Energie.
- Jetzt kommen die Argumente ins Spiel. Wir begründen, beweisen und belegen, warum wir wollen, dass unsere Gegenüber denken oder tun, was wir ihnen sagen.
- Dabei stellt sich heraus, dass die Argumente am besten wirken, die begründen, welchen **Nutzen** unser Gegenüber hat, wenn er in unserem Sinne denkt oder handelt. Diese Argumente heißen **Nutzensargumente oder Kernbotschaften.**
- Leider stellt sich oft heraus, dass das, was wir nützlich finden, etwas ganz anderes ist als das, was unsere Teilnehmer nützlich finden. Auch vertrauen unsere Teilnehmer ganz anderen Argumenten und Belegen als wir! Die Präsentation läuft ins Leere.
- Deshalb empfehlen an dieser Stelle alle Seminare und Bücher, über Fragen, Beobachtungen und Recherche die Werte, Probleme und Wünsche der Zielgruppe herauszubekommen. Es wird auf die Fragetechnik verwiesen: mit offenen Fragen (W-Fragen) die Menschen zum Sprechen bringen, aktiv zuhören und dann diese Informationen im Überzeugungsprozess nutzen.

Doch versuchen Sie das mal bei einem Kunden, der Sie noch gar nicht kennt. Oder bei dem Geschäftsführer, den Sie kurz vor Ihrer Präsentation zum ersten Mal sehen. Oder bei den Teilnehmern Ihres Messestandes irgendwann im nächsten Jahr! Sie brauchen also ein Instrument, das Ihnen mit hoher Wahrscheinlichkeit die **Werte** und **Denkstile** Ihrer Teilnehmer **vorhersagt.**

- Kennen Sie die **Werte** Ihrer Zuhörer, wissen Sie, worauf diese **Wert legen.** Sie wissen dann, welche Inhalte für Ihre Zuhörer von Bedeutung sind und wählen **nur** diese aus. Sie erhöhen die **Relevanz** bei steigender **Kürze**.
- Kennen Sie die **Denkstile** Ihrer Zuhörer, wissen Sie, in welchem Stil Sie präsentieren: zum Beispiel nüchtern oder gefühlvoll, strukturiert oder originell, detailliert oder großflächig. Sie wissen, welche Beweise und Belege wirken, welche Dramaturgie gut ankommt, welche Medien bevorzugt werden, welche Worte und Formulierungen treffen – ja sogar, welche Farben und wel-

ches Design gefallen werden. Sie erhöhen die **Akzeptanz** und **Klarheit** Ihrer Rede.

Kennen Sie die momentanen oder zukünftigen **Probleme** Ihrer Zuhörer oder deren **Wünsche**, dann wissen Sie, wo Sie mit Ihrem Überzeugungsprozess ansetzen können. Sie präsentieren Ihr Thema als Lösung für die Probleme Ihrer Teilnehmer. Das garantiert die **Überzeugungskraft** Ihrer Präsentation.

Warum sind Menschen verschieden?

Ich möchte Ihnen zwei starke Instrumente der Menschenkenntnis vorstellen. Erstens das System der Limbischen Instruktionen von Hans-Georg Häusel, um die **Werte** der Zuhörer schnell und einfach zu antizipieren. Und zweitens das System von Ned Herrmann, das Herrmann-Dominanz-Instrument, das den **Denkstil** Ihrer Zuhörer vorhersagt – und Ihnen mit großer Präzision Ihren eigenen Denk- und Redestil bewusst macht. Beide Forscher haben sich intensiv mit der Frage beschäftigt, wie Menschen ticken und warum sie unterschiedlich ticken.

Warum mögen Sie ein anderes Auto als Ihr Nachbar? Warum ist der eine gut in Mathe, und der andere schreibt tolle Deutschaufsätze? Warum geht ein BWL-Student später ins Marketing und der andere ins Controlling? Warum zieht bei dem einen Kunden das Argument, und den anderen provoziert es zu heftigen Attacken? Warum bewertet der eine etwas als „phantastisch" und der andere das gleiche als „abgedreht"?

Wie und wo ist diese Unterschiedlichkeit codiert?

Beide Forscher haben herausbekommen, dass unsere Unterschiedlichkeit grundlegend ist und im Gehirn codiert ist. Sie ist angeboren und erworben zugleich. Die Codierung ist biologischer Natur: Unterschiedliche Botenstoffe, unterschiedliche Vernetzungsmuster, unterschiedliche Dominanzen der Gehirnareale führen zu unterschiedlichen Menschen. Wichtig für Sie als Präsentator ist die Frage, ob sich die Unterschiedlichkeit in bestimmte Typen zusammenfassen lässt und wie Sie mit diesem Wissen Ihre Präsentationen präzise auf Ihre Teilnehmer ausrichten können. Und ebenso wichtig ist für Sie die Frage: Zu welchem Gehirntyp gehören Sie, welche Teilnehmer sprechen Sie intuitiv an, und welche stoßen Sie unbewusst ab? Je mehr Sie auf die Unterschiedlichkeit und Eigenheiten der Menschen eingehen, desto weniger Argumente werden Sie benötigen, und umso schneller werden Sie die Verwirklichung Ihrer Ziele erreichen.

Hans-Georg Häusel: Die Limbischen Instruktionen

Das meiste von dem, was wir über das Gehirn wissen, wurde in den letzten Jahren entdeckt. Wollen Sie an diesem Wissen teilhaben? Wenn ja, dann begleiten Sie mich jetzt auf eine Reise ins menschliche Gehirn und erleben Sie den Thronsturz des Großhirns zugunsten des Limbischen Systems.

Abbildung 1: Das Limbische System

Das Limbische System, in dem die Gefühle und Affekte entstehen, ist ein evolutionsgeschichtlich viel älterer Teil des Gehirns als das Großhirn, der Sitz der Ratio. Es fällt die Entscheidungen weitgehend unbewusst, der Verstand ist lediglich eine Art Berater. Die Ebene des Verstandes und der Vernunft bildet sich in der Hirnentwicklung erst spät aus und erlangt nie einen entscheidenden Einfluss auf das Verhalten. Gerhard Roth, Gehirnforscher von der Universität Bremen, ist der Meinung, wir sitzen bereits einer Illusion auf, wenn wir meinen, wir seien der rationale Kontrolleur unseres Gefühlslebens. Eher sei das Gegenteil der Fall: Alles, was in den rationalen Teilen des Gehirns bearbeitet wird, müsse auch in den Gefühlszentren des Limbischen Systems bewertet und abgesegnet werden. Wobei vom Limbischen System aus mehr Nervenverbindungen zu den rationalen Zentren des Stirnhirns gehen als umgekehrt. Daher seien die limbischen Gefühlszentren einflussreicher als die kognitiven Areale: Die Gefühle regulieren demnach den Verstand, selbst wenn wir meinen, rational zu handeln. Welche Aufgabe haben dann noch unser Verstand und unsere Vernunft? Die Rationalität unseres Gehirns liegt darin, durch unsere Handlungen ein Maximum an positiven Emotionen zu erzielen und – weil mit diesen positiven Emotionen unsere biologische Fitness verknüpft ist – dafür zu sorgen, dass wir möglichst viele unserer Gene möglichst gut in die nächste Generation bringen. Uns lenken die Instinktprogramme durch Belohnung und Strafe in Form von Gefühlen und Affekten. Wenn wir unserer Programmierung folgen, bekommen wir „gute" Gefühle wie Glück, Zufriedenheit, Stolz, Geborgenheit. Handeln wir jedoch gegen unsere Instinkte, bekommen wir schlechte Gefühle, Angst, Ärger, Reue oder fühlen uns minderwertig. Die Bewertung erfolgt über gefühlsmäßige Markierung der

Reize/Informationen mit Neurotransmittern: Dopamin, Serotonin, Adrenalin, Noradrenalin, Testosteron, Östrogen und andere.

Häusel (2003) unterscheidet neben den Vitalbedürfnissen wie Essen, Trinken, Schlafen und Sexualität drei große Motiv- und Emotionssysteme, die unser gesamtes Leben bestimmen und nennt diese „Limbische Instruktionen“:

- Das Balancesystem
- Das Dominanzsystem
- Das Stimulanzsystem

Das Balancesystem meidet jede Gefahr und strebt nach Ruhe und Sicherheit. Folgt der Mensch den Limbischen Instruktionen „Vermeide jede Gefahr!“, „Vermeide Änderungen!“, „Baue auf Gewohnheiten!“, „Erhalte Bewährtes!“, „Vergeude nicht nutzlos Energie!“ – dann wird er mit positiven Emotionen wie Sicherheitsgefühl und Geborgenheit belohnt. Befolgt er die Instruktionen des Balancesystems nicht, erlebt er Angst, Furcht oder Panik. Zum Balancesystem gehört auch das **Anschluss- und Fürsorge-Motiv,** das uns mit guten Gefühlen belohnt, wenn wir helfen, altruistisch sind, für andere Gutes tun, und uns mit Schuldgefühlen und Reue plagt, wenn wir seinen Instruktionen zuwiderhandeln.

Das Dominanzsystem motiviert den Menschen dazu, sich im Wettbewerb um Ressourcen durchzusetzen, sein Territorium zu erweitern und seine Macht auszuweiten. Wenn der Mensch die Instruktionen des Dominanzsystems wie „Setze dich durch!“, „Strebe nach oben!“, „Sei besser als andere!“, „Vergrößere deine Macht!“, „Erweitere dein Territorium!“ befolgt, dann wird er mit positiven Emotionen wie Stolz und Überlegenheitsgefühl belohnt. Befolgt er die Instruktionen des Dominanzsystems nicht, reagiert er mit Ärger, Wut oder fühlt sich minderwertig.

Das Stimulanzsystem motiviert den Menschen zur Suche nach Neuem, nach Erlebnis, nach Individualität. Die Befehle des Stimulanzsystems lauten: „Suche nach neuen und unbekannten Reizen!“, „Brich aus dem Gewohnten aus!“, „Entdecke und erforsche deine Umwelt!“, „Suche nach Abwechslung!“, „Sei anders als die andern!“ Befolgen wir diese Instruktionen, erleben wir gute Gefühle wie Spaß, Prickeln, Begeisterung. Befolgen wir die Instruktionen des Stimulanzsystems nicht, erleben wir Langeweile und Frustration.

Unser Verstand folgt also den Instruktionen des Limbischen Systems, um möglichst viele gute Gefühle zu bekommen. Jetzt wird es spannend. Nicht alle Menschen folgen Limbischen Instruktionen in gleichem Maße! Das heißt: Es gibt Balancetypen, Dominanztypen und Stimulanztypen. Sie haben unterschiedlich ausgeprägte Limbische Instruktionen, werden also von der Evolution für völlig unterschiedliche Dinge mit guten Gefühlen belohnt. Sie werden folglich die Welt unterschiedlich bewerten, oder anders ausgedrückt – sie haben andere **Werte.**

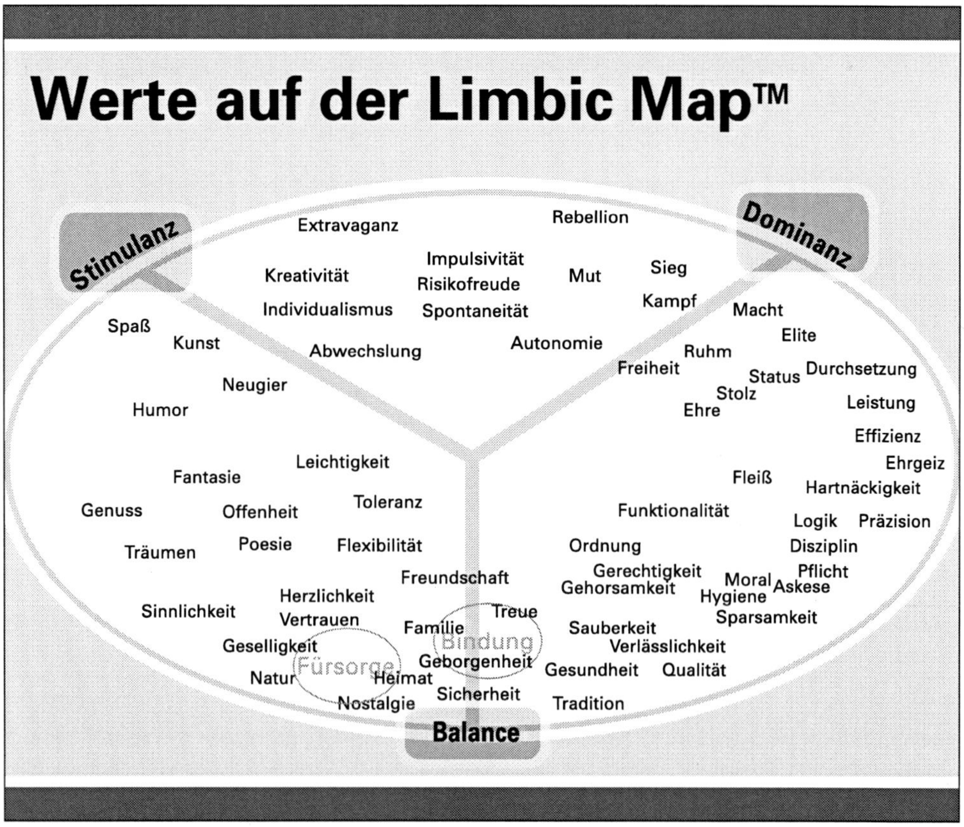

Abbildung 2: Auszug aus Häusels Limbic Map® (© Häusel: 2004, Seite 44)

Sie werden andere Entscheidungen treffen, andere Vorlieben haben, andere Produkte bevorzugen. Und für Sie als Präsentierenden bedeutet das: Sie werden völlig anderen Argumenten zustimmen, eine völlig andere Sprache bevorzugen, andere Veranstaltungsdramaturgien brauchen (Häusel: 2004).

*Ein Beispiel: Nehmen wir an, Sie präsentieren ein Auto. Zuerst nähert sich etwas zaghaft der **Balancetyp.** Seinen Limbischen Instruktionen folgend interessiert er sich für Sicherheitsaspekte, für praktische Details. Argumentieren Sie also mit Referenzen, Testergebnissen, zeigen Sie, wie bewährt die Technik ist; geben Sie zu verstehen, dass sich die meisten für dieses Auto entscheiden. Legen Sie Pannenstatistiken und Testergebnisse vor. Er wird alles sehr genau prüfen und sich für Details interessieren. Zeigen Sie, wie praktisch und solide das Auto ist. Gehen Sie Schritt für Schritt geordnet vor. Geben Sie ihm alles zum Nachlesen fein säuberlich geordnet mit.*

*Forschen Schrittes nähert sich der **Dominanztyp,** der von hohem Macht- und Statusstreben beherrscht wird. Ihn interessiert die*

Beschleunigung von 0 auf 100, die Anzahl der PS. In Gedanken sieht er die beeindruckten Gesichter seiner Kollegen oder des anderen Geschlechts. Im Gespräch mit Ihnen wird er versuchen mit knappen Fragen die Fäden in der Hand zu behalten. Antworten Sie ebenfalls knapp und präzise. Nennen Sie Zahlen, Daten, Fakten. Heben Sie den technischen Vorsprung hervor und argumentieren Sie statusorientiert (das geht am besten mit dem Komparativ, der Vergleichsform von Adjektiven: noch besser, noch schneller ...).

Lässig schlendert der ***Stimulanztyp*** *an Ihr Auto heran. Er ist auf der Suche nach seinem Traumauto, das ihn widerspiegelt in seiner Individualität. Ihn interessieren die ausgefallenen Details, neue Features und das Design. Langweilen Sie ihn nicht mit Zahlen oder Details. Er redet gerne selbst – lassen Sie ihn reden und hören Sie bewundernd zu. Schildern Sie spannende Erlebnisse oder regen Sie seine Phantasie an. Benutzen Sie eine bildhafte und lebendige Sprache. Zeigen Sie viele Möglichkeiten der Auswahl an und heben Sie hervor, wie aufregend, spannend und einmalig das Leben mit diesem Auto wird.*

Ned Herrmann: Das Herrmann Brain Dominanz Instrument (HBDI ™)

Schon 20 Jahre vor Häusel erkannte Ned Herrmann, dass die Unterschiedlichkeit der Menschen im Gehirn codiert ist. Herrmann hat Physik und Kunst studiert und als Physiker und Manager der Führungskräfteentwicklung bei General Electric, USA, gearbeitet, bevor er Anfang der 80er Jahre seine eigene Firma gründete (heute „Herrmann International“). Er beschäftigte sich vor allem mit der unterschiedlichen Arbeitsweise der beiden Gehirnhälften, der sprachlich-logischen linken und der bildhaft-intuitiven rechten. Er nahm an, dass bei den Menschen eine Gehirnhälfte dominant sei und dass diese Dominanz sich im Verhalten widerspiegele. Ebenfalls nahm er an, dass bei manchen Menschen das Limbische System dominiert, bei anderen der Neokortex – das heißt, dass manche Menschen eher emotional, andere eher rational sind. (Abbildung 3, Bild 1) Es zeigte sich jedoch, dass die Arbeitsweise des Gehirns komplexer ist als diese Vierteilung (Abbildung 3, Bild 2), und Ned Herrmann sprach ab da nur noch metaphorisch von Links versus Rechts; Oben versus Unten (Abbildung 3, Bild 3).

Sein weltweit eingesetztes Instrument stellt bis heute eines der präzisesten und validiertesten Instrumente zur Messung des Denkstils bei. Ein ausgeklügelter Fragebogen mit 120 Fragen und dessen elektronische Auswertung ermöglicht eine visualisierte Darstellung des individuellen Denkstils. (Abbildung 3, Bild 4). Ned Herrmann unterscheidet vier Denkstile und deren Mischformen (Herrmann: 1991, Seite 87 ff).

A-Quadrant: der rationale Denkstil: geht analytisch vor; beruft sich auf Zahlen und Werte; denkt linear; löst Probleme logisch; abstrahiert vom Besonderen; reduziert das Komplexe auf das Einfache, das

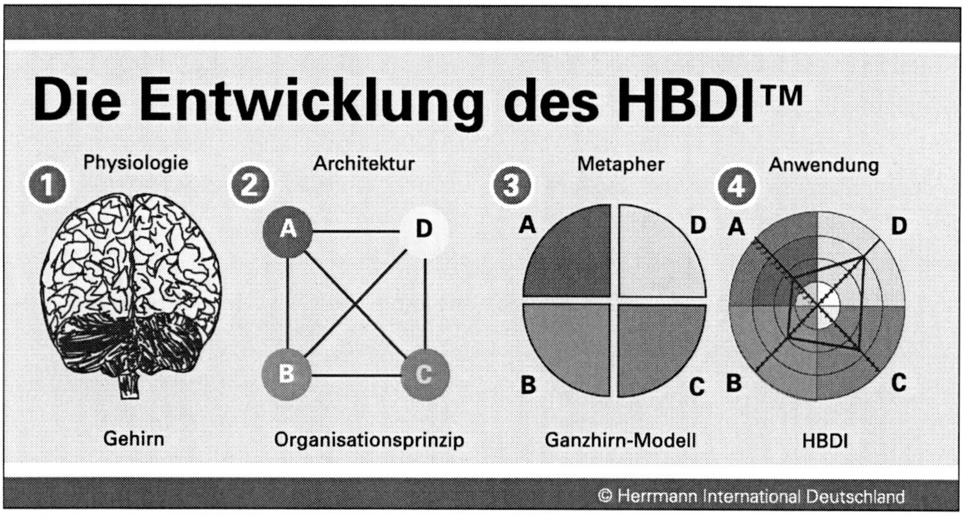

Abbildung 3: Das Herrmann Brain Dominanz Instrument (HBDI ™)

Unklare auf das Klare, das Schwerfällige auf das Effiziente; versteht technische Zusammenhänge; leitet aus schon Bekanntem ab ohne kreativen Sprung; quantifiziert und berechnet; ist kritisch; ist realistisch; Fokus auf Gegenwart.

B-Quadrant: der sicherheitsbedürftige Denkstil:
geht strukturiert vor; findet Regeln und Klassifikationen; bewahrt das Erprobte; löst Probleme praktisch, definiert Prozessabläufe, schätzt sichere und vorhersagbare Abläufe; benutzt Modelle; überprüft und bewertet Theorien; vereinheitlicht Verfahren; Fokus auf Vergangenheit.

C-Quadrant: der emotionale Denkstil:
ist kinästhetisch; nimmt Situationen und Menschen durch die eigenen Gefühle eher körperlich wahr, als frei fließende Sequenz von Körperempfindungen und Bewegungen; zieht Erfahrung der Theorie vor; menschliche Prozesse stehen im Vordergrund der Wahrnehmung; achtet auf die gefühlsmäßigen Signale der Stimme und Körpersprache; Fokus auf Vergangenheit und emotionalem Hier-und-Jetzt.

D-Quadrant: der experimentelle Denkstil:
ist visuell; bildhaft-metaphorisches Denken; konzeptbildende Verarbeitung; globales, vernetztes Denken; intuitives Entscheiden; vermeidet Struktur und Details, da sie ebenso wie Logik den freien Fluss von Ideen verlangsamen; kreatives, grenzüberschreitendes und phantasievolles Denken; trifft Entscheidungen auch nachdem keine sicheren Fakten mehr verfügbar sind; spekulativ; risikofreudig; Fokus auf Zukunft.

Dadurch, dass es inzwischen weltweit eine Datenbank von Profilen gibt, und aus der langjährigen Erfahrung vieler Auswertungen, Coachings und Trainings sind diese Denkstile inzwischen vielfach in ihrer Genauigkeit bestätigt worden. Nur vier Prozent der Menschen lassen sich genau einem Denkstil zuordnen. Die meisten, so eine Erhebung von Herrmann International Deutschland, sind multidominant, 48 Prozent stehen zwei Denkstile zur Verfügung, 44 Prozent drei und 4 Prozent vier. Auch die Anzahl der Dominanzen spiegelt eine Persönlichkeit wider: Eine einfache Dominanz verrät eher einen Spezialisten, eine Mehrfachdominanz eher einen Generalisten. Ebenso aufschlussreich für die Persönlichkeit eines Menschen ist der Bereich der Vermeidung: Welche Denkstile kennt er kaum, meidet er regelrecht? Obwohl Denkstile nicht sichtbar sind, können wir sie erkennen. Denn Denkstile zeigen sich im Verhalten eines Menschen – also auch in der Art und Weise, wie er kommuniziert.

Wenn Sie ein guter Menschenkenner sind oder schon lange im Vertrieb oder als Führungskraft arbeiten, dann haben Sie inzwischen sicher ein Gespür für die Unterschiedlichkeit der Menschen bekommen. Sie wissen, bei Herrn Müller können Sie mit harten Fakten argumentieren, Herr Maier schätzt das bewährte Vorgehen und lehnt jede Neuerung ab, mit Frau Heine reden Sie am besten von Mensch zu Mensch und bei Herrn Löhr wirkt ein wohldosiertes Kompliment wahre Wunder.

Ned Herrmann erkannte, dass es keinen guten oder schlechten Denkstil gibt. Alle Denkstile sind gleich wertvoll und gleich wichtig. Um als Team oder Unternehmen erfolgreich zu sein, brauchen wir alle Denkstile. Hochleistungsteams und erfolgreiche Unternehmen zeichnen sich gerade dadurch aus, dass sie die unterschiedlichen Begabungen passend einsetzen und gezielt nutzen und dass sie wertschätzend mit Unterschiedlichkeit umgehen (Diversity-Management). Er prägte den Begriff des „Ganz-Hirns“ (Herrmann: 1997), heute Whole-Brain-Technologie™, die Unternehmensprozesse aus der Perspektive aller Denkstile entwickelt, produziert und analysiert. In diesem Buch wird diese Technologie auf die Präsentation übertragen und wenn im Weiteren von **„Whole-Brain-Präsentation“** die Rede ist, dann ist genau diese ganzheitliche Vorgehensweise gemeint. Es geht nicht darum, sich als Redner zu verbiegen. Im Gegenteil. Denn nur wer sich selbst gut einschätzt, wer seine Stärken und seine Schwächen kennt, kann selbstsicher und erfolgreich auftreten. **Es geht darum, sich situativ auf andere Denkstile einzulassen, um damit die Relevanz, Klarheit und Überzeugungskraft der eigenen Rede für die Zuhörer zu erhöhen.** Und es geht darum, die eigene Flexibilität zu erhöhen. Je mehr Denkstile Ihnen vertraut sind, umso mehr nutzen Sie das Potential Ihres ganzen Gehirns und umso besser und erfolgreicher werden Ihre Ideen und Taten. Uns Menschen stehen alle Denkstile zur Verfügung – nur setzen wir unbewusst diejenigen bevorzugt ein, die uns am leichtesten fallen. Und so verkümmern die anderen immer mehr. Wenn wir die vernachlässigten Denkstile wie einen Muskel trainieren, dann werden sie immer stärker und kräftiger. Nutzen Sie die Gelegenheit, die sich Ihnen mit diesem Buch bietet, Ihren wichtigsten Muskel, Ihr Gehirn, zu trainieren, indem Sie Ihr Thema ganzheitlich aufbereiten und präsentieren.

Das Limbische Kommunikationsmodell

Was bedeuten diese Erkenntnisse nun für Ihre Rolle als Präsentierender? Lassen Sie uns dazu auf ein einfaches Kommunikationsmodell zurückgreifen: Es gibt einen Sender, einen Empfänger und eine Botschaft mit einer bestimmten Codierung.

Wenn wir kommunizieren, senden wir, ähnlich wie ein Radiosender, auf einer bestimmten Frequenz mit einer bestimmten Wellenlänge. Und wir werden, ebenso wie beim Radio, nur von den passenden Empfängern empfangen. Wenn eine Radiostation eine Botschaft möglichst vielen Menschen übermitteln möchte, dann muss sie diese auf allen Frequenzen senden. Übertragen auf unsere menschliche Kommunikation: Wenn wir

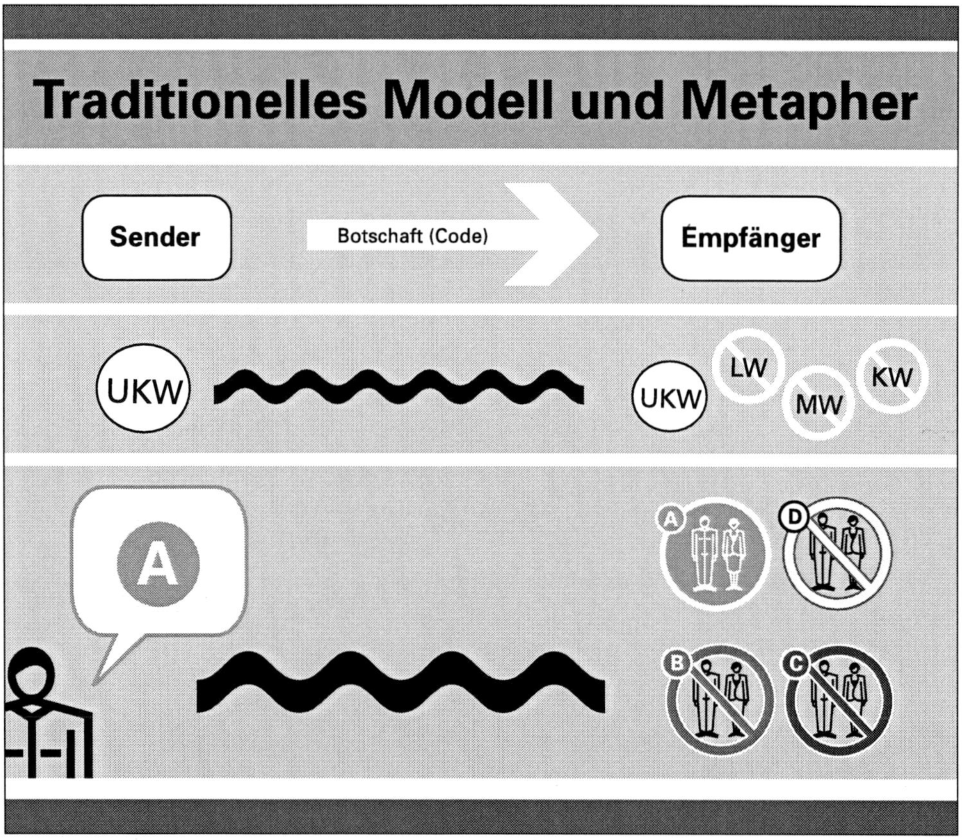

Abbildung 4: Warum wir nicht alle Teilnehmer erreichen

von bestimmten Menschen nicht verstanden werden, kann das daran liegen, dass wir auf einer anderen Wellenlänge senden, als unser Gegenüber empfangen kann.

Die Gehirnforschung erklärt uns den Zusammenhang: Wir besitzen unterschiedliche Limbische Instruktionen und unterschiedliche Denkstile – diese Spezialisierung macht uns als Gattung Mensch aus evolutionärer Sicht erfolgreich. Die Spezialisierung ist aber auch für unsere Unterschiedlichkeit verantwortlich und somit für Einseitigkeit, Missverständnisse und Konflikte.

Lassen Sie uns nun das Modell erweitern. Wie wäre es, wenn Sie wüssten, auf welcher Wellenlänge Sie senden und auf welcher Frequenz Ihr Gegenüber empfängt? Und wenn Sie dann noch eine Anleitung, eine Art Modem, erhalten würden, das Ihnen hilft, Ihre Botschaft auf unterschiedlichen Wellenlängen zu senden? Nicht weniger als das ist das Ziel des Kommunikationsmodells, das Sie in diesem Buch kennen lernen. Hier werden die Erkenntnisse der Gehirnforschung auf die menschliche Kommunikation übertragen und das traditionelle Kommunikationsmodell wird erweitert (siehe Abbildung 5).

Ein Modem dient dazu, digitale Signale in analoge umzuwandeln. Unser Modem wären dann Kommunikationsregeln, die uns helfen, unsere Botschaft aus unserem Code in den des Empfängers umzuwandeln. Diese Kommunikationsregeln gibt es schon. Sie werden seit 2.500 Jahren von der Rhetorik gesammelt, weil die Rhetorik schon immer über die Kategorie der **Angemessenheit (aptum)** ihre Methoden auf die Zuhörer abstimmte.

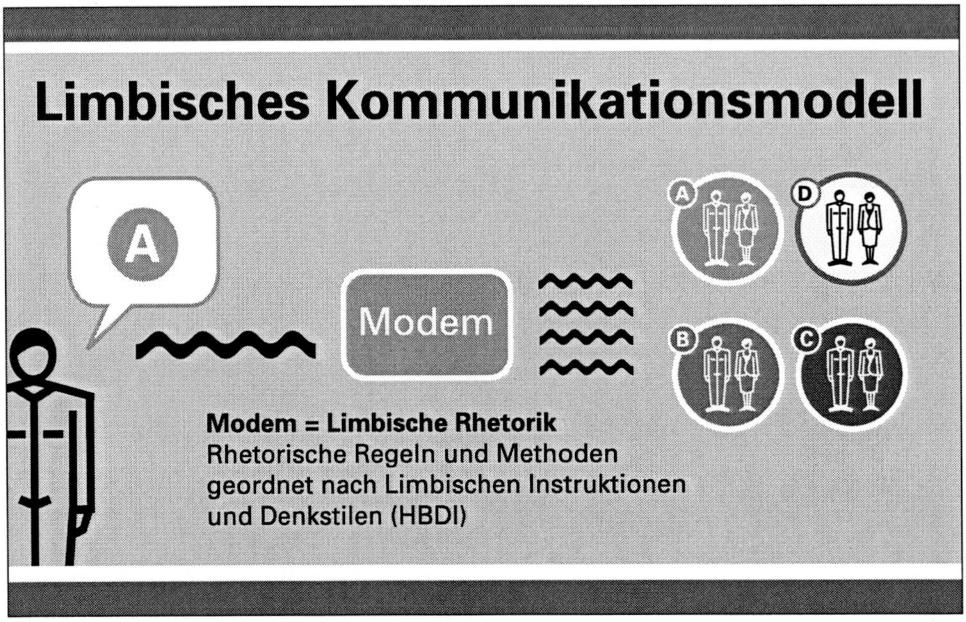

Abbildung 5: Wie können wir alle Teilnehmer erreichen?

Diese Regeln und Methoden können mit dem neuen Wissen aus der Gehirnforschung den passenden limbischen Profilen und Denkstilen zugeordnet werden. Es handelt sich um eine innovative und neue Ausrichtung der Rhetorik auf die unterschiedlichen Programmierungen unseres Gehirns.

Lassen Sie uns die beiden Modelle auf die Kommunikation übertragen. Ausgehend von den vier Denkstilen und den Limbischen Instruktionen lassen sich vier **limbische Kommunikationscodierungen** herausschälen, die sich in vier unterschiedlichen **wahrnehmbaren** Redestilen äußern:

- Der logische Redestil (A)
- Der strukturierte Redestil (B)
- Der gefühlvolle Redestil (C)
- Der experimentelle Redestil (D)

Die Tabelle 2 auf Seite 22 zeigt den Zusammenhang zwischen Werten aus der Limbic Map®, Denkstilen nach Herrmann und bevorzugtem Präsentationsstil.

Was können Sie nun mit diesem Modell anfangen?

Sie können herausbekommen, auf welcher Wellenlänge Sie senden, welche Wellenlänge Ihre Zuhörer überhaupt empfangen, und können dann die typgerechte limbische Rhetorik dieses Leitfadens wie ein Modem nutzen, um von jedem Empfänger verstanden zu werden.

- **Wie präsentiere ich?**

Sie können reflektieren, zu welchem Typ Mensch Sie gehören und welches Ihr Redestil ist. Dann haben Sie schon eine Menge gewonnen. Denn nun wissen Sie, welche Aspekte Sie vernachlässigen und welche Teilnehmer Sie gar nicht ansprechen oder sogar gegen sich aufbringen. Sie können dann lernen, Ihren Redestil situativ zu erweitern, um nach und nach immer unterschiedlichere Teilnehmer zu gewinnen. Der Redestiltest auf der Seite 24 gibt Ihnen hierzu eine erste Orientierung (Es handelt sich nur um eine grobe Einschätzung. Wenn Sie Ihren Denkstil genau kennen lernen möchten, empfehle ich Ihnen, Ihr HBDI-Profil erstellen zu lassen. Hierbei handelt es sich um ein validiertes und wissenschaftlich geprüftes Instrument. Wenn Sie neugierig geworden sind, welches Profil Sie haben – auf der Seite www.hermann-ruess.de können Sie den Fragebogen herunterladen).

- **Was bevorzugen meine Zuhörer?**

Die Modelle sagen Ihnen sehr verlässlich die Kriterien und Präferenzen Ihrer Zuhörer voraus. In unserem Fall in Bezug auf die Nutzensargumente, auf Argumente, auf Beweise und Belege, auf Worte und Formulierungen; auf den Sprachstil; auf die Art zu lernen; auf die Körpersprache usw.

- **Welcher Limbische Code passt?**

Sie können dann in der Verständigungsmatrix (Tabelle 2) nachsehen, welche Werte Sie ansprechen können oder welcher Redestil passt, und können Ihre Präsentation erfolgreich danach ausrichten.

Logische Codierung (A)	Strukturierte Codierung (B)	Gefühlvolle Codierung (C)	Experimentelle Codierung (D)
Werte aus der Limbic Map® von Häusel[1]			
DOMINANZ • Sieg, Macht, Ruhm • Stolz, Elite, Status, Ehre • Freiheit • Durchsetzung • Leistung, Effizienz • Ehrgeiz, Fleiß, Hartnäckigkeit • Funktionalität, Logik • Präzision	BALANCE • Ordnung, Disziplin, Gehorsam • Gerechtigkeit, Pflicht, Moral, Tradition • Askese, Sauberkeit • Sparsamkeit • Verlässlichkeit • Gesundheit • Qualität, Sicherheit • Geborgenheit	BALANCE (Bindung) • Geborgenheit • Familie, Freundschaft • Heimat, Nostalgie • Natur • Geselligkeit • Vertrauen, Herzlichkeit • Sinnlichkeit, Poesie	STIMULANZ • Neugier, Humor • Flexibilität • Spontanität • Toleranz, Offenheit • Phantasie, Leichtigkeit, Abwechslung • Idealismus • Kunst, Extravaganz • Risikofreude • Autonomie
HBDI™-Denkstil nach Ned Herrmann[2]			
• analytisch • linear-logisches Denken • abstrahiert vom Besonderen • versteht technische Zusammenhänge • „Zahlenmensch“ • quantifiziert und berechnet gerne • ist kritisch-realistisch • Fokus auf Gegenwart	• strukturiert • denkt stark umsetzungsorientiert • definiert gerne Vorgehensweise • schätzt sichere planbare Abläufe • überprüft und bewertet Theorien • vereinheitlicht Prozesse • Fokus auf (sichere) Vergangenheit	• Erfahrung wichtiger als Theorie • tiefensensibles (kinästhetisches) Denken • menschliche Prozesse dominant • achtet auf Emotionen in Stimme und Körpersprache • Fokus auf Vergangenheit und emotionalem „Hier-und-Jetzt“	• visuelles Denken • bildhaftes, metaphorisches Denken • konzeptbildende Verarbeitung • vernetztes Denken • kreativ • grenzüberschreitend • phantasievoll • risikofreudig • Fokus auf Zukunft
Bevorzugter Präsentationsstil[2]			
• präzise formulierte Ideen • kurz, klar, direkte Sprache • messbare Kriterien • Übersicht mit Zahlen und Fakten • logische Argumentation • nüchterne Fakten • keine Floskeln • ergebnisorientiert • klare Zielsetzung • wenig/keine Emotionen • reduzierte Gestik und Mimik	• strukturiert, systematisch • ausgereifte Konzepte • detaillierte Angaben • Beispiele, Referenzen • stringente Gedankenführung • kein Abschweifen • exakte Beantwortung von W-Fragen • Schritt-für-Schritt-Vorgehensweise • Alternativen als Absicherung • etwas zu Ende besprechen • vollständig	• freundlich, zwanglos • zuhören und Ideen austauschen • Integrieren persönlicher Erfahrung • Wärme und Empathie vermitteln • Bezug zu Menschen herstellen • andere mitreißen und überreden • eher ausgedehnter Redestil • Geschichten zur Illustration • ausdrucksstarke Körpersprache • gefühlvolle Stimme	• aufregende Ideen, mutige Konzepte • Überblick und Gesamtbild betonen • Metaphern, Analogien • bildhafte Sprache • Visionen betonen • ganzheitliche Konzepte • wenig Details • ästhetisch ansprechend • freies Brainstorming • freier Fluss von Ideen und Beiträgen • individuelle Erscheinung („bunter Vogel“)

1 nach Häusel, Brain Script: Warum Kunden kaufen, 2004, Seite 44.
2 erweitert nach Unterlagen Herrmann International Deutschland und Ned Herrmann, 1991, 87 ff.

Tabelle 2: Limbische Verständigungsmatrix

Das Limbische Kommunikationsmodell verbindet ein hohes Maß an Komplexität mit großer Einfachheit. Das macht es besonders wertvoll für die Praxis, in der die Zeit knapp ist und die Erfolgserwartungen hoch. Es bietet Ihnen:

- eine präzise Definition der eigenen (Rede)-Persönlichkeit.

- eine genaue Analyse der Zielgruppe.

- ein effektives Instrument zur Optimierung der Kommunikation.
  - um Sprache gezielt und treffsicher einzusetzen.
  - um Sicherheit in der Kommunikation zu erhöhen.
  - um Redeerfolge steuern zu lernen.
  - um andere Menschen zu verstehen und wertzuschätzen.
  - um gewinnend zu präsentieren.

Im wirtschaftlichen Kontext können Sie das Modell einsetzen

- um Wettbewerbsvorteile auszubauen durch multimodale Kundenansprache.
- um den Unternehmenswert durch Diversity-Management zu steigern.
- um Rahmenbedingungen für Hochleistungsteams zu schaffen.
- um wirklich kundenorientiert zu agieren.
- um neue Kundensegmente zu gewinnen.
- um wichtige Redeziele zu erreichen.
- um neue Aufträge zu sichern.
- um Entscheidungen erfolgreich herbeizuführen.
- um Konsens zu schaffen.
- um schneller und leichter hochwertige Präsentationen vorzubereiten.
- um sich und andere besser kennen und einschätzen zu lernen.
- um das Verhalten von Gesprächspartnern vorhersagbar zu machen.
- um Kommunikation steuern zu können
- um Sicherheit in Ihrer Kommunikation zu erlangen.
- um Ihren Reden den Feinschliff zu geben.
- um viele Menschen zu verstehen und von vielen Menschen verstanden zu werden.
- um in der Zusammenarbeit ergänzend aufeinander zuzugehen, statt sich zu bekämpfen.
- um sich nicht mehr so oft persönlich angegriffen zu fühlen.
- um Verbundenheit auch mit anders Denkenden zu empfinden.
- um mit Freude und Leichtigkeit auf andere zuzugehen.
- um ausgeglichen und ganzheitlich zu kommunizieren.
- um Überzeugungserfolge zu feiern.
- um die geistige und sprachliche Flexibilität zu trainieren.
- um Grenzen eigener Kommunikationsfesseln zu sprengen.
- um Synergien zu nutzen.
- um mit einer wirkungsvollen Rede anderen im Gedächtnis zu bleiben.
- um das Image als Redner zu steigern.
- um die eigenen Ressourcen, Talente und Potentiale besser zu nutzen.
- um auf der Höhe moderner Kommunikation zu sein.

Test:

Welchen Redestil bevorzugen Sie?

Markieren (X) Sie diejenigen acht Beschreibungen, die Ihren Redestil am genauesten beschreiben. Umranden Sie acht Beschreibungen, die Sie am liebsten meiden (In Anlehnung an Ned Herrmann und Herrmann International Deutschland).

A Logischer Redestil

- ☐ Präzise formulierte Ideen
- ☐ Kurz, klar, direkt
- ☐ Genau definierte Kriterien
- ☐ Übersicht mit Zahlen und Fakten
- ☐ Kritische Analyse
- ☐ Logische Argumentation, Beweise
- ☐ Nüchterne Fakten – keine Floskeln
- ☐ Ungeduldig bei Details
- ☐ Auf Effektivität bedacht
- ☐ Ergebnisorientiert, mit Zielsetzung
- ☐ Technische Genauigkeit/ Produktmerkmale
- ☐ Wenig/keine Emotionen zeigen
- ☐ Reduzierte Gestik, Mimik

D Experimenteller Redestil

- ☐ Überblick und Gesamtbild
- ☐ Bildhaft, farbig, modellhaft
- ☐ Phantasievoll, assoziativ
- ☐ Ganzheitliche Konzepte, wenig Details
- ☐ Ungewöhnliche Argumente
- ☐ Freier Fluss von Ideen und Beiträgen
- ☐ Aufregende Ideen, mutige Konzepte
- ☐ Ästhetisch ansprechend
- ☐ Freies Brainstorming
- ☐ Weiterentwickeln von Ideen
- ☐ Metaphern, Analogien, Visualisierung
- ☐ Spielerisch und kreativ
- ☐ Individuelle Erscheinung

B Strukturierter Redestil

- ☐ Detaillierte Angaben
- ☐ Strukturiert, systematisch, sorgfältig
- ☐ Ausgereifte Konzepte
- ☐ Beispiele, Referenzen, Erfahrung
- ☐ Vollständige Ausführungen
- ☐ Stringente Gedankenführung, kein Abschweifen
- ☐ Exakte Beantwortung von W-Fragen
- ☐ Konkrete, umsetzbare Beispiele
- ☐ Etwas zu Ende besprechen
- ☐ Tagesordnungen einhalten
- ☐ Schritt für Schritt vorgehen
- ☐ Beharrliche Argumentation
- ☐ Alternativen als Absicherung

C Emotionaler Redestil

- ☐ Freundlich, zwanglos
- ☐ Zuhören und Ideen austauschen
- ☐ Integrieren persönlicher Erfahrung
- ☐ Wärme und Empathie vermitteln
- ☐ Bezug zu Menschen herstellen
- ☐ Andere mitreißen und überreden
- ☐ Eher ausgedehnter Redestil
- ☐ Geschichten zur Illustration
- ☐ Verstehe Logik der Gefühle
- ☐ Offene, informelle Diskussionen
- ☐ Ausdrucksstarke Körpersprache
- ☐ Erkenne Signale der Körpersprache
- ☐ Gefühlvolle Stimme

Auswertung Redestiltest

Tragen Sie die Anzahl der Markierungen in die folgende Tabelle ein.

A	
B	
C	
D	

Welcher Quadrant/welche Quadranten dominieren Ihren Redestil?

☐ **A** Logischer Redestil
☐ **B** Strukturierter Redestil
☐ **C** Emotionaler Redestil
☐ **D** Experimenteller Redestil

Tragen Sie die Anzahl der Umrandungen in die folgende Tabelle ein.

A	
B	
C	
D	

Welchen Quadranten vermeiden Sie?

☐ **A** Logischer Redestil
☐ **B** Strukturierter Redestil
☐ **C** Emotionaler Redestil
☐ **D** Experimenteller Redestil

Vorprogrammiertes Scheitern einer Präsentation

Es wundert Sie nun sicherlich nicht mehr, warum Menschen so sehr aneinander vorbei kommunizieren. Einfach ist die Kommunikation innerhalb der gleichen Redestile, aber auch „engstirnig". Je weniger verwandt die Redestile sind, umso schwieriger die Verständigung und umso vorprogrammierter die Konflikte. Am schwierigsten gestaltet sich die Kommunikation zwischen strukturiertem und experimentellem Redestil und zwischen logischem und gefühlvollem, unter anderem deshalb, weil der Wert des einen der Antiwert des anderen ist. Ring frei für das Aufeinanderprallen unterschiedlicher Denkstile in Präsentationen:

Experimenteller Redestil trifft auf strukturierten und logischen Redestil

Stefan ist Vertriebs- und Marketingleiter in einem mittelständischen Unternehmen. Er kommt ins Rhetorik-Coaching, weil er immer wieder Schwierigkeiten hat, seine Ideen bei den Inhabern des Unternehmens durchzusetzen. Die Inhaber sind die Kinder und Enkelkinder des Gründers. Die Präsentation zeichnet sein Coach mit Video auf. Stefan stellt den neuen Marketingplan vor. Er spricht davon „neue Wege zu gehen", „Grenzen zu sprengen", „Zukunft zu gestalten", von „Möglichkeiten", „Trends", „mit einer Idee spielen", usw. Seine Folien zeigten hauptsächlich futuristische Bilder der neuen Kampagne. Er ahnte nicht, dass er damit genau die Antiwerte seiner Zuhörer traf und deren Denkstil komplett verfehlte. Nachdem er sein eigenes HBDI-Profil erhalten hatte, erkannte er, warum er trotz größter Bemühungen seine Teilnehmer nicht erreicht, ja sogar gegen sich aufgebracht hatte. Er bevorzugt stark den experimentellen Denkstil, seine Teilnehmer bevorzugen den strukturierten und logischen Denkstil. Für die Überarbeitung nahm er sich vor, sich situativ auf sein Publikum einzustellen. Die

Folien tauschte er zum Teil gegen Kostenkalkulationen und Amortisationsberechnungen aus. Er verteilte Excel-Tabellen, in die sich vor allem die logischen Denker versenkten. Für die strukturierten Denker nahm er sich vor, seine Präsentation zu gliedern, die Tagesordnungspunkte zu visualisieren und geordnet Schritt für Schritt vorzugehen. Jetzt meidet er Wörter wie „neu", „aufregend", „phantastisch" usw. Stattdessen stellt er seinen Marketingplan „als sinnvolle Weiterentwicklung des jahrelang bewährten Weges" dar. Er legt den Fokus stärker auf das, was erhalten bleibt, als auf die Features, die neu sind. Er benutzt Worte wie „sicher", „solide", „verlässlich", „steuerbar". Sein Plan ist ausgereift und durchgeplant. Er stellt ein Stufenmodell der Umsetzung vor. Auf jeder Stufe gibt es eine Absicherung. Dadurch, dass er zwei Schritte auf sein Publikum zugeht und es abholt, begleitet dieses ihn dann auch willig in seine Marketing-Welt. Stefan muss sich nicht verbiegen oder verleugnen. Er kann, ***nachdem*** *seine Zuhörer in ihrer Sprache verstehen, worum es geht, zu seinem Denkstil stehen und wird geschätzt und anerkannt.*

Gefühlvoller Redestil trifft auf logischen Redstil

Susanne ist Managementtrainerin und hat einen Präsentationstermin vor dem Inhaber und zwei Geschäftsführern eines mittelständischen Unternehmens, das Präzisionsgeräte für die Automobilindustrie herstellt. Sie kommt mit der fertigen Präsentation ins Rhetorik-Coaching. Auf Video sieht sie, wie sie mit warmer weicher Stimme und großen, ausdrucksstarken Gesten ihre Leistung präsentiert. Ihre Argumentation stellt die menschliche Komponente in den Vordergrund. Sie spricht von einem wärmeren Betriebsklima, in dem sich die Mitarbeiter wohl fühlen und gerne zur Arbeit kommen, sie spricht von begeisterten Teilnehmern ihrer Seminare, von den tollen Rollenspielen usw. Sie benutzt kein Notebook und keinen Beamer mit der Begründung, der würde die persönliche Nähe zu den Teilnehmern zerstören. Nachdem sie ihr HBDI-Profil verstanden hat und die Werte und Denkstile ihrer Teilnehmer analysiert hat, erkennt Susanne selbst, dass sie mit dieser Präsentation den Inhaber und die zwei Geschäftsführer nicht überzeugen kann. Sie erkennt, dass sie eher dem gefühlvollen, ihre Teilnehmer eher dem logischen Denkstil zuzuordnen sind, und beschließt folgende Aspekte ihrer Präsentation abzuändern:

- ***Ihre Körpersprache:*** *Sie wird ihre Gestik und Mimik zugunsten einer seriöseren Körpersprache reduzieren. Ihre Stimme wird fest klingen, weniger moduliert. Sie wird ein Business-Kostüm tragen. Sie wird ihr Notebook mitnehmen, um Kalkulationen und wissenschaftliche Management-Modelle mit Beamer im Stehen zu präsentieren.*

- ***Ihre Argumentation:*** *Sie wird Aspekte der Effektivität und Effizienz betonen; Probleme analysieren und Lösungen mit Pro und Contra präsentieren; die Nutzensargumentation zielt auf: „Sie werden besser, schneller und erfolgreicher." Die Gefühlsverben und -adjektive (wärmer, wohl fühlen, begeistert, toll* *etc.) ersetzt sie durch nüchterne: „präzise", „durchdacht", „realistisch" usw.*

- ***Ihre Selbstdarstellung:*** *Sie hebt ihr Studium und ihre Erfahrung hervor; belegt ihre Leistung mit Referenzen komplexer Projekte in ähnlichen Unternehmen; zeigt anschauliche Lösungswege aus anderen Projekten; stellt Größe und Wachstum ihres Beratungsinstituts in den Vordergrund; belegt diese graphisch mit Wachstumskurven und Quellenangabe.*

Dr. Theo Walther, der Inhaber des Unternehmens, den die souveräne und kompetente Präsentation beeindruckt, entschließt sich zu einer Zusammenarbeit und erteilt Susanne den Auftrag.

Logischer Redestil trifft auf gemischten Redestil

Lassen wir zum Schluss noch einen logischen Denker auf ein gemischtes Publikum aus strukturierten, gefühlvollen und experimentellen Denkern treffen. Udo ist Programmierer. Er hat die Aufgabe, ein neues Programm den zukünftigen Anwendern zu präsentieren. Dazu hat er sie in den Computerschulungsraum eingeladen. Nun sitzen sie alle hinter großen Monitoren, der Raum ist leicht abgedunkelt und Udo präsentiert die Merkmale des Computerprogramms mittels Bildschirmpräsentation. Ein technisches Merkmal folgt auf das andere. Seine Teilnehmer sitzen regungslos hinter ihren Monitoren und haben große Mühe, Udo zu folgen. Zwar dürfen sie immer wieder die Schritte am eigenen PC nachmachen. Doch sie verstehen nicht wirklich, worum es geht; sie verstehen nicht, wie sie später mit dem neuen Programm arbeiten sollen; sie verstehen nicht, was das Ganze überhaupt soll. In der Testlaufphase des Projekts rächt sich Udos Präsentationsstil. Die Widerstände gegen die neue Software sind groß, die Servicetechniker werden permanent angefordert. Das Team muss sich mit harter Kritik und vielen kostspieligen Änderungen auseinander setzen. Nachdem Udo sein eigenes HBDI-Profil erhalten und das seiner Zielgruppe analysiert hat, erkennt er, dass sein theoretischer und techniklastiger Präsentationsstil den Denk- und Lernvorlieben seiner Teilnehmer konträr gegenübersteht. Udo möchte, dass ihm und seinem Team in Zukunft so etwas nicht mehr passiert. Er weiß, dass ihre Software das Leben seiner Anwender bereichert, und er möchte sie mit seiner Präsentation dafür gewinnen. Sein Maximalziel lautet sogar: „Ich möchte, dass meine Teilnehmer sich auf die neue Software freuen und gerne mit ihr arbeiten!" Was muss Udo also anders machen? Er nimmt sich im Coaching folgende Punkte vor:

- *Die Schulung findet nicht nur im PC-Schulungsraum statt. Er trifft sich mit seinen Teilnehmern in einem gemütlichen Besprechungsraum. Es gibt Kaffee, Getränke und Butterbrezeln – und genügend Pausen. Er nimmt persönlichen Kontakt zu den gefühlvollen Teilnehmern auf, um ihnen die Angst vor der Technik zu nehmen und eine persönliche Beziehung aufzubauen.*

- *Zum Einstieg befragt er seine Teilnehmer nach ihren Wünschen an eine neue Software. Er schreibt die Antworten untereinander auf dem Flipchart mit. Die Antworten der Teilnehmer quittiert er positiv mit „Sehr gut!“, „Tolle Anregung!“, „Klasse Aspekt!“, „Richtig!“ usw. Bald beteiligen sich alle lebhaft, allen voran die kreativen und begeisterungsfähigen Experimentellen.*
- *Im Hauptteil löst er ein typisches Problem aus dem Arbeitsalltag seiner Teilnehmer. Einmal mit dem alten Programm – dann mit dem neuen. Die Teilnehmer erkennen, um wie viel leichter und durchdachter das neue Programm ist. Die bewahrenden strukturierten Denkstile sind erleichtert, dass viele Merkmale der alten Version unverändert geblieben sind. Alle neuen Merkmale werden in einer Checkliste Schritt für Schritt erklärt. Diese Checkliste hat Udo laminiert und verteilt sie an die Teilnehmer. Jetzt können sie sie neben ihren PC-Arbeitsplatz legen. Das gibt ihnen die nötige Sicherheit.*
- *Dann gehen alle in den PC-Schulungsraum. Jeder Teilnehmer hat eine kleine Aufgabe bekommen, die er mit dem neuen Programm lösen darf. Die Sieger bekommen unter Applaus ein Päckchen Gummibärchen. Mit dem unverkrampften (!) Wettbewerb hat er die schnellen, wettbewerbsorientierten experimentellen Denker ins Boot geholt.*
- *Zum Schluss geht er die Wünsche aus der Einstiegsrunde am Flipchart mit den Teilnehmern durch. Dadurch fühlen sich vor allem die gefühlvollen Teilnehmer wertgeschätzt. Alle Wünsche, die die neue Software erfüllt, hakt er ab. Die Teilnehmer erkennen, wie wertvoll das neue Tool ist, und können die Einführung gar nicht erwarten.*

Udo und sein Team haben kaum Nacharbeit mit der Software und bekommen beim nächsten Mal wieder den Auftrag für die Softwareentwicklung. Er wundert sich nur, dass dieses Mal der Preis eine untergeordnete Rolle spielt ...

Ist es nicht bemerkenswert, wie einfach es manchmal ist, Präsentationen auf sein Publikum abzustimmen und sogar Maximalziele mühelos zu erreichen? Vielleicht haben Sie schon jetzt Lust bekommen, die neue Methode auszuprobieren. Lassen Sie uns nun beginnen, Schritt für Schritt an Ihrer Präsentation zu arbeiten. Im Gegensatz zur Gesprächsrhetorik, wo Sie sich zwar gut vorbereiten können – dann aber doch flexibel auf Ihren Gesprächspartner reagieren, haben Sie beim Präsentieren den großen Vorteil, sich intensiv vorbereiten zu können und die Präsentation so lange zu üben, bis sie perfekt sitzt. Sie können ein fertiges Manuskript herstellen und mitnehmen. Das ist die beste Medizin gegen Lampenfieber! Das gibt Ihnen Sicherheit und Selbstvertrauen um Ihre Präsentation gelassen und erfolgreich durchzuführen. Freuen Sie sich über jede Präsentation! Doch bereiten Sie jede Präsentation gut vor. Erfolg, so Umberto Eco, ist leider zu 90 Prozent Transpiration und nur zu zehn Prozent Inspiration. Und noch ein Tipp: Glauben Sie keinem brillanten Redner, der behauptet, er brauche sich nicht vorzubereiten.

3. Strategische und effektive Vorbereitung Ihrer Präsentation

Wenn man mir eine Stunde Zeit geben würde, ein Problem zu lösen, von dem mein Leben abhängt,
würde ich 40 Minuten dazu verwenden, es zu studieren,
15 Minuten dazu, Lösungsmöglichkeiten zu prüfen,
und 5 Minuten, um es zu lösen.

Albert Einstein

Die Präsentation kennt ebenso wie die Rhetorik zwei Dimensionen: die Dimension der Vorbereitung und die Dimension der Live-Durchführung. Ich möchte Ihnen ein bewährtes System vorstellen, das Sie dabei unterstützt, Ihre Präsentation effektiv und strategisch zugleich vorzubereiten.

Die sieben Schritte der Vorbereitung

1. Schritt: Das eigene Präsentationsziel festlegen

Was möchte ich erreichen? Warum präsentiere ich?

2. Schritt: Die Teilnehmer Ihrer Präsentation analysieren

Wen muss ich überzeugen? Welche Entscheidungskriterien besitzen meine Teilnehmer? Welche Werte? Welche Denkstile? Welches Problem meiner Teilnehmer kann ich lösen? Wo kann ich sie unterstützen ihre Ziele zu erreichen?

3. Schritt: Auf Ihre Teilnehmer abgestimmte Kernbotschaften auswählen

Welche Vorteile biete ich meinen Teilnehmern? Welche positiven Konsequenzen hat mein Vorschlag, mein Produkt? Welche Nachteile können meine Teilnehmer verhindern, wenn sie meiner Lösung folgen?

4. Schritt: Kernbotschaften beweisen

Welche Argumente, Beweise und Belege empfinden meine Teilnehmer als glaubhaft? Welche Überzeugungsstrategie passt? Wem schenken meine Teilnehmer Glauben?

5. Schritt: Strategisch anordnen und überzeugend gliedern

Welche Logik erzeugt Akzeptanz für mein Thema? Wie baue ich komplexe Argumente auf? Wie viele Ebenen der Gliederung brauche ich? Was sage ich und was nicht? Womit fange ich an? Wie schließe ich ab? Wie ordne ich taktisch an?

6. Schritt: Feinschliff: einleuchtend, anschaulich und fesselnd formulieren

Wie verankere ich meine Botschaft im Gehirn meiner Teilnehmer? Wie formuliere ich so, dass die Botschaft verstanden wird, einleuchtet und überzeugt? Wie formuliere ich anschaulich, lebendig und fesselnd? Wie formuliere ich kraftvoll? Welche rhetorischen Wirkfiguren helfen mir dabei?

Abbildung 6: Die erste Dimension der Rhetorik

7. Schritt: Gelungene Inszenierung und passende Veranstaltungsdramaturgie

Was visualisiere ich? Wie visualisiere ich? Wo öffne ich meine Präsentation für Dialog und Interaktion mit meinen Teilnehmern? Welche anderen Medien kann ich einsetzen? Welche Aktionen unterstützen mein Redeziel? Welche Körpersprache passt? Welche Stimmung? Welches Ambiente?

Die vier Phasen der Durchführung

Die zweite Dimension der Rhetorik ist die Live-Vorführung, die Durchführung von dem Moment an, von dem aus die Augen Ihrer Teilnehmer auf Sie gerichtet sind, bis zum Abschluss.

1. Phase: Einleitung

Wie wecke ich das Interesse meiner Teilnehmer? Wie gewinne ich ihr Wohlwollen? Wie schaffe ich eine Gemeinschaft des Denkens und Fühlens? Wie hole ich sie aus ihrer Welt in meine Welt?

2. Phase: Hauptteil

Wie erzeuge ich Spannung bis zum Schluss? Wie halte ich das Interesse wach? Wie gehe ich strategisch vor? Wie setze ich die vorbereitete Redestruktur um? Wie meistere ich Pannen?

3. Phase: Diskussion (fakultativ)

Welche Fragen sind offen? Welche Aspekte interessieren meine Teilnehmer? Welche Perspektiven runden das Bild ab? Wie gehe ich mit Einwänden um? Wie mit unfairen Argumenten oder persönlichen Angriffen? Wie führe ich die Diskussion ergebnisorientiert? Wie behaupte ich mich? Wie verliere ich mein Ziel nicht aus den Augen? Wie schaffe ich es, die Beziehungsebene nicht zu verletzen?

4. Phase: Abschluss

Wie schließe ich ab? Welche Abschlusstechniken helfen mir?

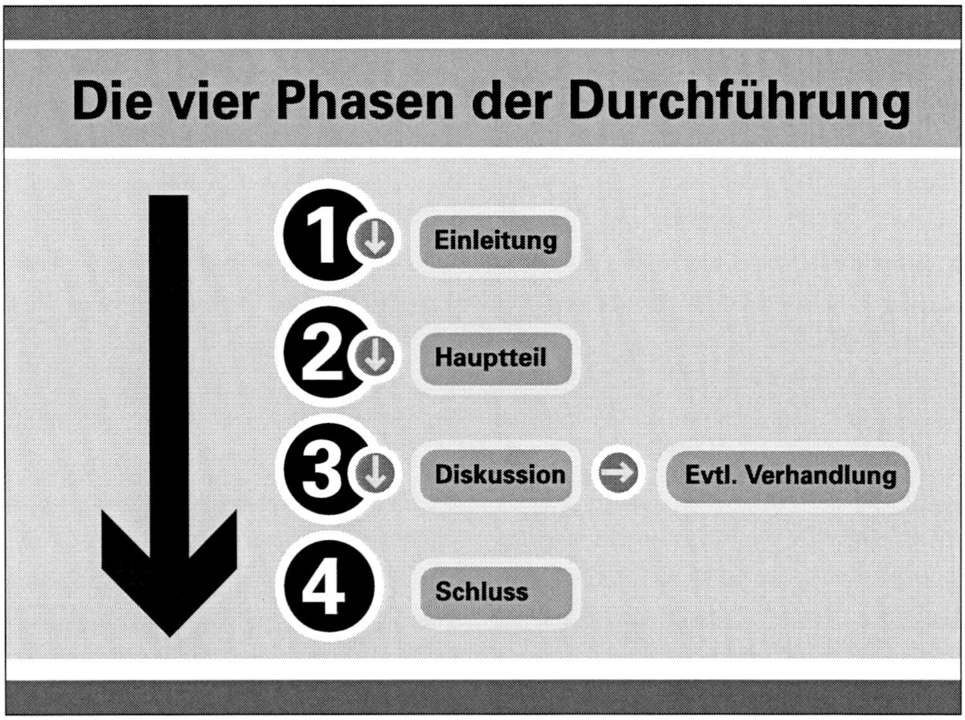

Abbildung 7: Die zweite Dimension der Rhetorik

Es ist heutzutage üblich, kurz zu präsentieren, dann gemeinsam zu diskutieren und anschließend zu einer Entscheidung zu gelangen. Aus der Diskussion kann eine Verhandlung werden, muss es aber nicht. Entscheidungen können gemeinsam getroffen werden oder Ihre Teilnehmer beziehungsweise einzelne Entscheider kommen allein zu einem Entschluss. Eine schlechte Präsentation zeichnet sich dadurch aus, dass sie entweder das Ziel verfehlt (Absage statt Zusage; Streit statt Konsens usw.) oder dass sie den Abschluss aus den Augen verliert (Vertagungen, Verzögerungen, kein Abschluss). Deshalb ist der Abschluss der Höhepunkt Ihrer Präsentation, denn hier erst erreichen Sie Ihr Redeziel.

Informieren oder überzeugen?

In diesem Leitfaden geht es immer um die **überzeugende** Präsentation.

Die überzeugende Präsentation unterscheidet sich von der **informierenden** Präsentation:

- Die informierende Präsentation ist neutral, objektiv und sucht nach der **Wahrheit.**
- Die überzeugende Präsentation ist subjektiv, vertritt entschieden die eigene Meinung in einer umstrittenen Sache und sucht nach dem **Nützlichen.**

Am überzeugendsten wirkt eine Präsentation dann, wenn sie als informierender Vortrag angekündigt wird. Deshalb nennen sich auch viele Verkaufspräsentationen zum Beispiel „Info-Abend“ und viele Verkäufer „Berater“. Im Business-Kontext gibt es auch informierende Präsentationen, zum Beispiel wenn ein Mitarbeiter für den Vorgesetzten recherchiert und das nackte Material präsentiert. Diese Präsentationen sind jedoch viel einfacher als die überzeugenden Präsentationen, bei denen meistens mehr auf dem Spiel steht. Und meistens verbirgt sich hinter scheinbar sachlichen Präsentationen doch die Absicht zu überzeugen:

So möchte der sachlich Präsentierende sich als überzeugenden Mitarbeiter darstellen oder er bevorzugt verdeckt eine bestimmte Lösung oder er lässt sich unbewusst von seinen Interessen beeinflussen.

Was in objektiven Vorträgen immer passiert: Unsere unbewussten Limbischen Instruktionen lenken unsere „Objektivität“. Damit sind wir genau an der Stelle, die sogar die moderne Naturwissenschaft bestätigt: Es gibt keine Objektivität, da es immer einen bestimmten Standpunkt des Betrachtens und einen bestimmten Betrachter gibt.

Natürlich haben auch überzeugende Präsentationen Passagen, in denen sie sachlich informieren. Dies tun sie jedoch wie ein Anwalt, nicht wie ein neutraler Beobachter.

1. Schritt: Das eigene Präsentationsziel festlegen

Rationale Ziele: Welche Ergebnisse möchten Sie erreichen?

Wenn Präsentieren bedeutet Ziele zu erreichen, dann besteht der Kardinalfehler darin, kein klares Ziel zu haben. Was soll nach Ihrer Präsentation in Ihrem Leben anders sein? Was möchten Sie erreichen? Warum präsentieren Sie?

Markus ist Entwicklungsingenieur. Er hat eine neue Konsole entwickelt, die er einem Entscheiderkreis präsentieren soll. Doch was möchte er mit dieser Präsentation ***wirklich*** *erreichen? Möchte er über seine Erfindungen informieren? Möchte er die Entscheider davon überzeugen die Konsole umzusetzen? Möchte er das Image der F&E-Abteilung stärken? Möchte er sich als innovativen Spezialisten vorstellen? Oder verfolgt er gar verdeckte Ziele: Möchte er einen guten Eindruck hinterlassen? Möchte er sich als zukünftigen Projektleiter empfehlen? Möchte er von etwas anderem ablenken?*

Nicht immer können Ziele in Präsentationen offen angesprochen werden. In der Rhetorik gilt die Regel:

Profi-Tipp

Je mehr Zustimmung ein Ziel hat, umso früher sollte es offen genannt werden – der Redner nutzt die Kraft des gemeinsames Ziels, um für seinen Weg zu werben. Je umstrittener ein Ziel ist, desto länger die Einleitung und umso mehr begründendes Sprechen ist vor der Zielnennung nötig.

Und schließlich gibt es die Ziele, die nie offen ausgesprochen werden. Hier handelt es sich häufig um Image-Ziele oder strategische Verhandlungsziele. Für Sie jedoch ist es in der Vorbereitung unerlässlich, sehr genau zu wissen, was Sie erreichen möchten.

Markus erkennt, dass sein Ziel lautet: Er möchte die Entscheider auf sich als zukünftigen Projektleiter aufmerksam machen. Das offizielle Ziel der Präsentation lautet: Vorteile unserer neuen Konsole für uns, unsere Kunden und deren Endkunden.

Ab jetzt ist klar, dass Markus nicht nur technische Details präsentieren darf. Will er sich als neuen Projektleiter positionieren, muss er Führungseigenschaften mitpräsentieren: strategisches und planerisches Denken, natürliche Autorität usw. Jetzt versteht er, wie wichtig seine eigene Person ist. Körpersprache, Stimme, Wortwahl, rhetorisches Geschick spielen eine große Rolle. Markus erkennt, dass ihm die technische Präsentation gar nicht schwer fällt. In seinem PC hat er viele perfekte Folien zu diesem Thema, mit dem er sich seit Jahren beschäftigt. Er beschließt, sich zu einem Rhetorikkurs mit Videoanalyse anzumelden, um gezieltes Feedback zu seiner persönlichen Präsenz zu erhalten.

Jede Präsentation ist immer auch zu einem großen Teil Selbst-Präsentation. Und das ist auch ein Grund, warum im Zeitalter von E-Mails, Internet, Video-Konferenzen sich immer noch Menschen persönlich treffen. Es ist ein uraltes Ritual: Können wir miteinander? Was bist du für einer? Kann ich dich riechen? – fragen sich – meist unbewusst – Ihre Teilnehmer. Geben Sie darum die richtigen Antworten.

Profi-Tipp

Strategisch empfiehlt es sich, mit einem realistischen Maximalziel zu arbeiten. Wichtig ist jedoch, dass Sie sich eine „Brücke zum Nein" schon vorher ausdenken und ein kreatives Minimalziel hinterherschieben. Vielen fällt es schwer, zweimal „Nein" zu sagen.

Markus' realistisches Maximalziel ist die Projektleitung. Sein Minimalziel: der Projektstart. Seine Brücke zum „Nein": ein Testprojekt.

Emotionale Ziele: Welche Stimmung möchten Sie erzeugen?

Ebenso wichtig wie ein rationales Ziel sind die emotionalen Ziele: Welche Stimmung möchte ich erzeugen? Welche Gefühle in meinen Teilnehmern? Welche emotionalen Botschaften sollen transportiert werden? Manchmal ist es wichtig, ein seriöses, glaubwürdiges Klima zu erzeugen – manchmal ist ein lässiges, fröhliches Klima förderlich. Manchmal hilft Hoffnung – manchmal hilft Angst. Und manchmal macht es die Mischung. Wichtig ist, dass Sie selbst diese Gefühle in sich spüren und von sich auf Ihre Teilnehmer übertragen können. Nicht umsonst heißt es: mit der Stimme Stimmung machen. Eine begeisterte Stimme hört sich anders an als eine glaubwürdige. Auch die Mimik transportiert Emotionen: Ist sie warm, weich, beweglich? Oder besorgt? Oder kontrolliert und kühl? Und der Körper: Sitzen Sie auf Augenhöhe und erzeugen ein Gefühl von Gemeinschaft oder stehen Sie fest wie eine Eiche und erzeugen Gefolgschaft? Sie sehen: Ihr ganzer Körper sendet permanent Botschaften – senden Sie die passenden. Lesen Sie hierzu die Empfehlungen im Kapitel Körpersprache.

Im ersten Teil der Präsentation präsentiert Markus, der Entwicklungsingenieur, mit besorgter Mimik und wenig modulierter Stimme die Lage am Markt und zeigt auf, dass es so nicht weitergehen kann. Die Teilnehmer nicken besorgt (Emotion: Besorgnis). Dann wechselt er die Position mehr ins Zentrum des Geschehens und erzählt mit nun modulierter Stimme, leuchtenden Augen und nach oben gerichteter Gestik, wie sich das Unternehmen idealerweise positionieren könnte (Emotion: Überlegenheit, Stolz). Die Teilnehmer richten sich ebenfalls auf und werden von Markus' Erzählungen mitgerissen. Markus hat seine Lösung, wie er diesen Zustand erreichen möchte, noch nicht verraten. Kein Wort bisher zur neuen Konsole: Sie steht auf einem Präsentationstisch, mit einem dunklen Tuch verhüllt. Spannung macht sich in den Teilnehmern breit (Emotion: Neugier). Sie wollen nun endlich die Lösung wissen. Mit geheimnisvollen Pausen und gezielten Fragen holt Markus seine Teilnehmer nun zum verdeckten Modell. Langsam zieht er das Tuch ab (Emotion: Spannung). Die Teilnehmer staunen und fangen an zu tasten, zu fühlen, zu begreifen – im doppelten Sinne des Wortes (Emotion: Staunen). Nachdem das Kind im Manne sich an der Konsole erfreut hat, wechselt Markus wieder die Position (Emotion: Freude). Mit ernster Miene und tatkräftiger Gestik bittet er seine Teilnehmer an eine Moderationswand. Die dreht er jetzt er um. Hier befindet sich ein Projektplan mit den wichtigsten Terminen und Meilensteinen (Emotion: Vertrauen). Ein Phasendiagramm mit unterschiedlichen Moderationskarten visualisiert den Weg. Die Teilnehmer stehen geschlossen, Schulter an Schulter um die Moderationswand (Emotion: Verbundenheit). Sie diskutieren schon die Details der Umsetzung. Etwas Besseres kann Markus nicht passieren. Jetzt muss er nur noch darauf achten, den Erfolg nicht zu zerreden und gezielt den Abschluss herbeizuführen.

Vielleicht werden Sie jetzt einwenden: Das ist doch mehr Show als Inhalt! Da muss ich doch mehr Schauspieler sein als Techniker, Grafiker, Programmierer oder was immer Sie beruflich sind. Inhalte sind wichtig. Ohne Inhalte schaffen Sie es nicht, Glaubwürdigkeit zu erzeugen. Ohne Fachwissen wirkt Ihre Begeisterung hohl oder überdreht. Ohne wirkliche moralische Integrität wird es schwer, Vertrauen zu erzeugen. Doch Inhalte sind nicht alles. Ihre Teilnehmer sind, was die Dramaturgie betrifft, verwöhnt: Das Fernsehen, die Werbung, die Hochglanzbroschüren markieren den unbewussten Maßstab. Doch schon in der Antike, der Geburtsepoche der Rhetorik, setzten die Redner auf die Überzeugungskraft von Bildern, Affekten und rhetorischen Figuren.

Ethische Ziele: Welches höhere Anliegen verfolgen Sie?

Sie haben vielleicht schon bemerkt, wie wichtig Ihre Person – Ihre innere Einstellung, Ihre Stimmung, Ihre Mimik, Gestik, Körpersprache, Ihr Auftreten, Ihre Kleidung usw. – für das Erreichen Ihrer Ziele mittels Präsentationen ist. Lassen Sie uns noch kurz bei der **inneren Einstellung** verweilen. Es gibt Menschen, die lieben weder ihren Beruf noch ihr Thema – geschweige denn die Menschen im Allgemeinen noch ihren Teilnehmerkreis im Besonderen. Und dann gibt es Menschen, die lieben ihren Beruf, die begeistern sich für ihr Thema und die mögen Menschen im Allgemeinen und ihren Teilnehmerkreis im Besonderen. Ich brauche Sie nicht wirklich zu fragen, welche dieser Menschen eher ihr Ziel erreichen. Und wenn die zweite Gruppe dann noch ein höheres Anliegen verfolgt, dann setzt sie damit den soliden Grundstein einer herausragenden Präsentation. „Tja“, denken Sie sich jetzt vielleicht, „der Markt ist hart, der Kunde kritisch, der Chef ungerecht – und ich soll die Menschen mögen und Ideale haben?“ Drehen wir den Spieß einmal um: Vielleicht ist der Markt hart, der Kunde kritisch und der Chef ungerecht als Reaktion auf die erste innere Einstellung. Wie wäre es, bei der nächsten Präsentation die zweite innere Einstellung zu testen und zu sehen, was passiert? Erinnern Sie sich an die Anfangszeit in Ihrem Beruf? Warum haben Sie sich für diesen Beruf entscheiden? Welches Anliegen hatten Sie?

Markus erinnert sich, warum er Ingenieur geworden ist. Schon als Kind faszinierte ihn Technik. Er war begeistert von der „perfekten Lösung“. Er wollte später einmal das Leben der Menschen leichter und angenehmer machen mit seinen Entwicklungen. Er spürt, wie das alte Feuer wieder in ihm entfacht wird und nimmt den Funken mit in seine Präsentation. Dann fragt er sich, ob seine neue Entwicklung seinem höheren Anliegen entspricht. Er macht sich Gedanken über den wirtschaftlichen und gesellschaftlichen Kontext, in den das Produkt eingebettet wird. Er bedenkt langfristige Folgen seiner Entwicklung, überprüft ihre Umweltverträglichkeit. Er weiß, dass er in seinem Betrieb langfristig zum Erhalt der Arbeitsplätze beiträgt, er weiß, dass er seinem Kunden Innovationsvorsprung verschafft, und er weiß, dass die neue Technik umweltverträglicher ist als die bisherige. Mit gutem Gewissen kann er vor sein Publikum treten.

Sie haben immer die Wahl. Sie können auf kurzfristige Erfolge setzen und mit Kostenreduzierung punkten. Das zieht (fast) immer – vor allem in den heutigen Geiz-ist-geil-Zeiten. Sie können aber auch ein verantwortungsvoller, weitsichtiger und loyaler Präsentator werden – vielleicht ist es kurzfristig der anstrengendere Weg – langfristig jedoch der erfolgreichere. Kurzfristige Lösungen haben schon viele Unternehmen langfristig teuer bezahlt. Fragen Sie sich deshalb immer wieder, ob Sie überhaupt noch hinter Ihrem Thema stehen. Nur wer persönlich glaubwürdig wirkt, kann wirklich überzeugen. In unserer Alltagsprache kennen wir Formulierungen wie „Dem kaufe ich das ab!", „Wenn der das sagt, dann stimmt das auch!" oder aber „Von dem würde ich keinen Gebrauchtwagen kaufen!". Sie sehen, die Ethik ist im rhetorischen System implizit in der Person des Präsentierenden verankert.

Die Tragik mancher Menschen ist, dass sie persönlich integer sind, aber Zeichen setzen, die ihre Integrität unterlaufen. Aus Unsicherheit sehen sie ihren Teilnehmern nicht in die Augen, aus Gedankenlosigkeit verstecken sie die Hände hinter dem Rücken, aus rhetorischer Unwissenheit stehen sie da wie ein Fragezeichen. Und der Umkehrschluss? Gibt es Menschen, die persönlich nicht integer sind, jedoch durch Beherrschung der Körpersprache und mit rhetorischem Know-how uns blenden? Meiner Meinung nach gibt es die Blender und manchmal halten sie sich sogar lange. Doch fast immer kommt der Tag, an dem die Fassade Risse bekommt und einreißt. Und auch wenn nicht – ein Leben mit Fassade kostet viel wertvolle Lebensenergie. Sie haben die Wahl. Wenn nicht, dann haben Sie immer noch folgende Optionen: love it, leave it or change it!

Nutzen Sie die magnetische Kraft von Zielen

Zum Schluss dieses Kapitels über die eigenen Ziele noch eine gute Anregung. Ziele können magnetische Wirkung entfalten. Fragen Sie sich, welche positiven Auswirkungen es auf Ihr Leben hätte, wenn Sie Ihr Ziel erreichen. Stellen Sie sich vor, wie Sie erfolgreich Ihre Präsentation beenden und Ihr Redeziel erreichen. Machen Sie hierzu ein imaginäres „Zielfoto" im Geiste. Sie sehen das anerkennende Nicken, Sie hören den Applaus, Sie spüren den Handschlag. Wie sieht Ihr Foto aus? Machen Sie das Foto groß, bunt, leuchtend. Was hören Sie die anderen sagen? Was sagen Sie zu sich selbst? Wie fühlen Sie sich? Genießen Sie das Gefühl!

Immer wieder mache ich die Erfahrung, dass sich die Teilnehmer in meinen Seminaren gar nicht im Klaren sind, welche Ziele sie mit ihrer Präsentation verfolgen. Benutzen Sie folgende Checkliste um Klarheit über Ihr Ziel und Motivation für Ihr Ziel zu erhalten:

Bestimmen Sie Ihr Präsentationsziel:
Welche Veränderung im Denken oder Handeln Ihrer Teilnehmer möchten Sie erreichen?

- Nach dieser Präsentation werden meine Teilnehmer

- Mein realistisches Maximalziel

- Mein Minimalziel

- Meine „Brücke zum Nein“

- Stimmung, die ich erzeugen möchte

- Gefühle, die ich auf meine Teilnehmer übertragen werde

- Mein Anliegen

- Ich möchte dieses Redeziel erreichen, weil es sich folgendermaßen positiv auf mein Leben auswirkt:

- Mein Zielfoto:

Ich sehe …
Ich höre die anderen sagen …
Ich sage zu mir …
Ich fühle mich …

2. Schritt: Die Teilnehmer Ihrer Präsentation analysieren

Sie halten Präsentationen, um Ihre Ziele bei Ihren Teilnehmern zu erreichen. Ihre Teilnehmer sind nur bereit Sie zu unterstützen, wenn Sie Ihren Teilnehmern nützen. Sie nützen Ihren Teilnehmern genau dann, wenn Sie ihnen helfen ein Problem zu lösen und wenn Ihre Lösung (Ihr Vorschlag, Ihre Meinung, Ihr Produkt) Ihren Teilnehmern Vorteile bringt. Abbildung 8 fasst noch einmal die einleitenden Gedanken des Kapitels „Präsentation und Persönlichkeit“ zusammen. Jetzt wollen wir die Erkenntnisse auf Ihre Präsentation übertragen. Sie werden zuerst die Werte und

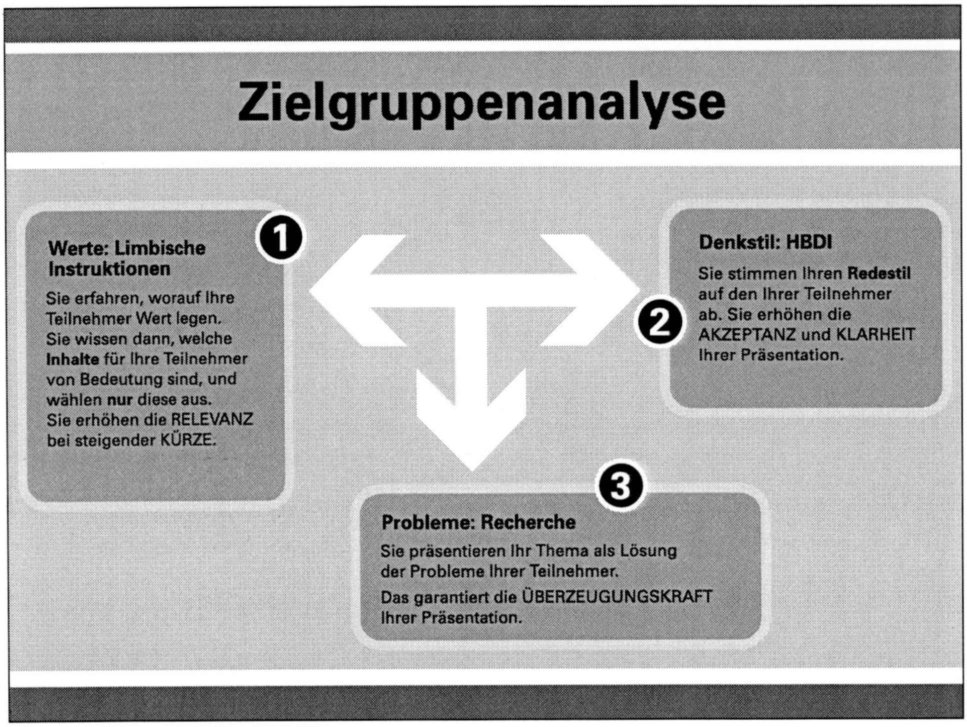

Abbildung 8: Relevanz, Kürze, Klarheit und Überzeugungskraft steigern

die Antiwerte Ihrer Zielgruppe bestimmen. Dann werden Sie die Zielgruppen-Pyramide kennen lernen, um deren Denkstil festzuhalten, und zum Schluss werden Sie eine pragmatische Recherche über die Probleme und Ziele Ihre Teilnehmer durchführen.

Erfolgreich sind die Redner,

- die die Werte Ihrer Zuhörer kennen und respektieren.
- die sich in der Sprache der Zuhörer ausdrücken.
- die eine Lösung präsentieren, die der Vorstellung ihrer Zielgruppe so nahe wie möglich kommt.

Wer sich und seine Mitmenschen besser kennen lernt, kann Reaktionen von Gesprächspartnern voraussagen und erfolgreich Entscheidungen herbeiführen. Erfolg wird planbarer und berechenbarer.

Das bedeutet für Sie als Präsentierenden: Sie können im Vorfeld Ihre Teilnehmer analysieren. Sie können die Werte erschließen und Ihre Ziele mit den Prioritäten Ihrer Zuhörer verbinden. Sie können die Denk- und Präsentationsstile Ihrer Teilnehmer ermitteln, um in ihrer Sprache zu sprechen. Und Sie können Probleme und Ziele ausfindig machen. Und Probleme, Ziele und Sehnsüchte waren schon immer der Hebelansatzpunkt eines jeden Überzeugungsprozesses, mit dem Sie die Dinge ins Rollen bringen. Wer die Probleme und Ziele seiner Teilnehmer kennt, der kennt die Stelle, an der der Überzeugungsprozess ansetzt.

Stefan ist Konstrukteur. Er stellt einem gemischten Einkaufsteam seine Konstruktionen vor. Aus der Presse weiß er, dass sein Kunde in den letzten Test-Zeitschriften hinter dem Dauerkonkurrenten lag. Hier kann Stefan ansetzen und seine Lösung als „Vorsprung gegenüber dem Mitbewerber" präsentieren.

Anne ist Personalentwicklerin. Sie möchte die Geschäftsleitung davon überzeugen, Zielvereinbarungen einzuführen. Sie weiß, dass das Unternehmen in letzter Zeit viele gute Mitarbeiter an Mitbewerber verloren hat. Hier kann sie ansetzen und ihr Instrument als Lösung dieses Problems präsentieren.

Klaus ist Unternehmensberater und in einer bestimmten Branche tätig. Dank seiner Marktanalysen weiß er, welche Herausforderungen auf die Branche in den nächsten Monaten zukommen. Hier kann er ansetzen und seine Beratungsleistung präsentieren.

Jutta ist Einkäuferin. Sie möchte einen Lieferantenwechsel vorschlagen. Sie weiß, dass der neue Einkaufsleiter sich noch profilieren möchte. Hier kann ihre Präsentation ansetzen, indem sie ihrem Vorgesetzten hilft sein Imageziel zu erreichen und den Lieferantenwechsel als „harten, aber notwendigen Schnitt" präsentiert.

Wer es dann noch schafft, in der Sprache seiner Teilnehmer zu präsentieren, besitzt einen enormen Vorsprung gegenüber Kontrahenten oder Mitbewerbern.

Studie: So wirken Präsentationen

Anfang 2005 befragte das Marktforschungsinstitut Forsa 200 Führungskräfte auf Kundenseite, was sie von den Präsentationen ihrer derzeitigen oder potentiellen Lieferanten halten. Folgende Erwartungen haben diese Entscheider von einer Business-to-Business-Präsentation:

- 63 Prozent erwarten, dass der Anbieter die speziellen Bedürfnisse des Kunden kennt. Die Lösung und der Nutzen der Lösung für den Kunden sollen im Mittelpunkt stehen.
- Die Kunden bemängeln, dass die Anbieter sich zu oft auf eine selbstverliebte Darstellung ihres gesamten Unternehmens konzentrieren.
- Der Anbieter soll die Stärken und Schwächen, die Geschäftschancen und die Faktoren, die das Geschäft der Kunden bedrohen, **im Vorfeld** erarbeiten.
- Die Präsentation soll die einzelnen Entscheidungsträger in ihrem Haus ansprechen und die manchmal konträren Interessenlagen berücksichtigen.
- 77 Prozent finden es sehr wichtig, aktiv in die Präsentation eingebunden zu werden.
- Um die Präsentation aus Kundensicht verständlicher zu gestalten, bietet es sich an, die Sprache des Kunden zu benutzen.
- Der Anbieter soll in der Lage sein, Einwände als Wünsche zu verstehen und spontan in den Lösungsvorschlag einzubauen.
- Kurz und verständlich soll die Präsentation sein.

(Quelle: Wirtschaft & Weiterbildung, Juni 2005; Forsa-Studie im Auftrag von Infoteam Sales Process Consulting AG Zürich)

Vorgehensweise: Systematische Zielgruppenanalyse

1. Bestimmen Sie die WERTE Ihrer Teilnehmer

Unterstreichen Sie auf der Limbic Map® auf Seite 15 die Werte Ihrer Teilnehmer/der Entscheider. Umkreisen Sie die Antiwerte.

2. Bestimmen Sie Ihren eigenen und den PRÄSENTATIONSSTIL Ihrer Teilnehmer:

Präsentationsstiltest

Haben Sie den Präsentationsstiltest von Seite 24 f. schon gemacht? Wenn nicht, dann tun Sie es jetzt.

Unterstreichen Sie zusätzlich acht Beschreibungen, die den Präsentationsstil Ihrer Zielgruppe/Ihres Gesprächspartners auszeichnen. Reflektieren Sie, wie nah oder wie weit Ihr Stil von dem Ihrer Teilnehmer entfernt ist:

- Welchen Stil/welche Stile bevorzugen Sie?
- Welchen Stil/welche Stile meiden Sie?
- Was bevorzugt Ihr Publikum beziehungsweise der Entscheider/die Entscheiderin?
- Was möchten Sie in Zukunft anders machen?

Die Zielgruppenpyramide

Bilden Sie dann Hypothesen zum Präsentationsstil – vertrauen Sie hierzu auch Ihrer Intuition, Ihrem gefühlvoll-experimentellen Denkstil: Die Basis der Pyramide bildet der Redestil, der in Ihrem Publikum voraussichtlich dominiert. Dann folgt der zweithäufigste, dann der dritte und schließlich die Spitze der Pyramide mit dem am wenigsten präferierten Stil. Schätzen Sie den prozentualen Anteil. Wenn Sie vor sehr vielen Menschen sprechen oder nicht recherchieren können: Bereiten Sie alle Redestile vor, präsentieren Sie „Whole-Brain“ oder entscheiden Sie sich „spontan“ für eine Richtung, wenn Sie vor Ihrem Publikum stehen.

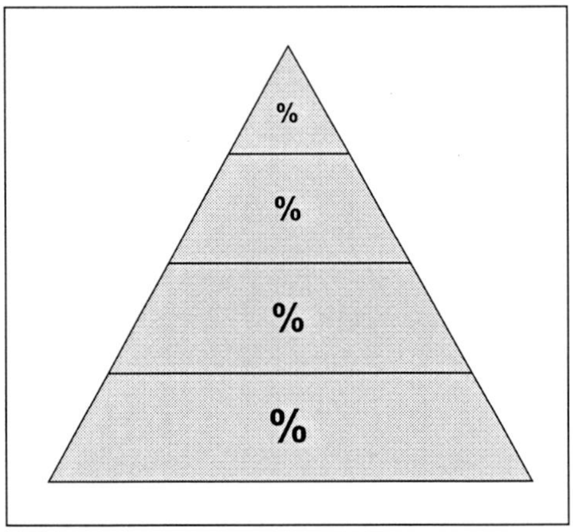

Abbildung 9: Die Zielgruppenpyramide

3. Recherchieren Sie den konkreten BEDARF Ihrer Teilnehmer: Zielgruppenrecherche

Finden Sie Antworten auf folgende Fragen:

- Welche Probleme haben Ihre Teilnehmer?
- Welche Gefahren kommen auf Ihre Teilnehmer zu?
- Welche Schwachstellen gibt es im Leben Ihrer Teilnehmer?
- Welche Befürchtungen haben Ihre Teilnehmer in Bezug auf Sie/auf Ihr Thema?
- Welche Ziele haben Ihre Teilnehmer?

- Welche Chancen bieten sich ihnen?
- Welche Stärken Ihrer Teilnehmer können Sie ansprechen?
- Welche Hoffnungen verbinden Ihre Teilnehmer mit Ihnen/Ihrem Thema?

Möglichkeiten der Recherche: Internet, Presse, Pressestelle, Befragungen, Marktanalysen, Beobachtungen, Erfahrung mit ähnlichem Teilnehmerkreis, Gespräche mit ähnlich Denkenden; Besprechungen mit Ihrem Team etc.
Wenn möglich: Gespräch/Telefonat mit Teilnehmern (zum Beispiel Fragen: *Was ist Ihnen wichtig? Was darf auf keinen Fall passieren? Worauf legen Sie Wert?*).
Recherchieren Sie so viel wie möglich über Ihre Teilnehmer: Wer kommt? Wer entscheidet? Beruf? Alter? Geschlecht? Hierarchie? Lebenslauf? Vorlieben? Umgebung? Glaubenssätze? Kenntnisstand? Meinung zu Ihrem Thema? Besonderheiten?

Sie haben jetzt wichtige Informationen gewonnen, mit denen Sie Ihre Präsentation sehr präzise auf Ihre Teilnehmer abstimmen können. Sie haben erste Hinweise auf kritische Punkte Ihrer Präsentation erhalten und können sich jetzt schon ein Bild von den Stellen machen, an denen Ihre Teilnehmer Einwände oder kritische Anmerkungen haben werden. Sie können sich darauf im Vorfeld vorbereiten und Ihre Schlagfertigkeit trainieren. Und Sie haben wertvolle Informationen darüber, was für Ihre Teilnehmer von Bedeutung ist. Sie wissen jetzt, wo Sie mit Ihrem Überzeugungsprozess ansetzen können.

3. Schritt: Auf Ihre Teilnehmer abgestimmte Kernbotschaften auswählen

Homöopathische Argumentation

Ein rhetorisches Grundprinzip lautet: Weniger ist mehr! Jedes Argument, das Sie bringen, provoziert Gegenargumente. Jedes Argument könnte sich für einen Teil des Teilnehmerkreises als Antiwert entpuppen. Jedes Argument könnte Ihrem Standpunkt mehr schaden als nützen! Viele Argumente lenken den Blick ab vom Wesentlichen (Ihrem Redeziel). Schlechte Redner benutzen das Gießkannenprinzip: wahllos viel Material über ihre Teilnehmer ausschütten. Gute Redner kommen mit wenigen Argumenten aus! In der Vorbereitung überlegen sie sehr lange, welches genau das **eine Argument** sein wird, mit dem sie überzeugen werden.

Konstantin Wecker erzählte in der Talkshow „Nachtcafé" des SWR, dass viele Menschen ihn überzeugen wollten, keine Drogen mehr zu nehmen. Doch er empfand sie alle als langweilige Spießer. Doch dann hat ein einziger Satz seiner Mutter ihn zur Umkehr bewegt. Sie sagte: „Wie kann ein Mensch, dem Freiheit so viel bedeutet, sich von einem Stoff so abhängig machen?"

Die Mutter hat genau die richtige Taste auf der Klaviatur der Werte und Emotionen getroffen, in dem sie den höchsten Wert und den höchsten Antiwert ihres Sohnes zum Anklingen brachte: Freiheit und Abhängigkeit. Und ähnlich wie die unsichtbaren Schwingungen der Musik breiten sich solche Sätze in uns Menschen aus: Sie wirken mächtig über unsere Jahrmillionen alten Limbischen Instruktionen. Mit nur einem einzigen Satz!

Kennen Sie die Wirkungsweise homöopathischer Arzneien? Sie funktionieren nach dem Prinzip der Ähnlichkeit (Simile) und sie funktionieren umso besser, je weniger Stoff verabreicht wird. Homöopathen nennen das dann eine hohe Potenz! Das Simile-Prinzip gilt auch in der Präsentation: im gleichen Redestil präsentieren, Körpersprache und Erscheinungsbild angleichen, eigene Themen mit Werten und der Erfahrungswelt der Teilnehmer verknüpfen. Deshalb ist das Kapitel über die Zielgruppenanalyse so wichtig. Denn hier erfahren Sie, welche Argumente, Materialien, Worte, Strategien, Inszenierungen bei genau Ihrem Publikum wirken werden. Es kommt also darauf an, aus einer Fülle von Botschaften und Material die **wenigen passenden** zu finden. Diese Argumente nennt die Rhetorik dann **Kernbotschaften.**

Kernbotschaften sind die Hauptargumente, die Ihr Redeziel stützen. Was eine Kernbotschaft ist, entscheiden nicht Sie, sondern die Werte (Limbischen Instruktionen) und Bedürfnisse (Probleme/Ziele) Ihrer Teilnehmer.

- Es sind die Argumente, die Ihren Teilnehmern am meisten nützen. Also die Empfehlungen Ihrerseits, die Ihren Teilnehmern dazu verhelfen, ihren Limbischen Instruktionen zu folgen. Tun sie, was Sie ihnen raten, werden sie mit positiven Emotionen belohnt.
- Es sind die Argumente, die Ihre Teilnehmer vor Nachteilen bewahren. Tun sie nicht, was Sie ihnen empfehlen, verletzen sie ihre eigenen Werte (Limbischen Instruktionen) und werden mit negativen Gefühlen bestraft.

Kernbotschaften sind das emotional bewegende Element

Kernbotschaften sind immer **emotionaler Natur,** denn sie bestätigen das unbewusste und mächtige Motiv- und Emotionssystem der Limbischen Instruktionen Ihrer Teilnehmer. Sie wirken als Motor, der Ihre Teilnehmer in Bewegung bringt. Denn nur wenn wir unseren Limbischen Instruktionen folgen, werden wir mit guten Gefühlen wie Stolz, Sicherheit, Dazugehörigkeit, Prickeln usw. belohnt. Tun wir es nicht, fühlen wir uns minderwertig, verängstigt, ausgeschlossen und frustriert. Es sind nicht nur die großen Gefühle, die die Leitplanken unserer biologischen Autobahn darstellen, sondern auch unsere Stimmungen, die von uns nicht so intensiv wahrgenommen werden, länger anhalten und uns somit sehr subtil auf Evolutionskurs halten.

Schon Aristoteles erkannte in seiner „Rhetorik“, einem bis heute gültigen Standardwerk, dass der Hauptzweck der überzeugenden Rede das Zu- oder Abraten sei. Er bemerkte, dass es nie um „gut“ oder „schlecht“ gehe, sondern immer um „gut“ oder „besser“, wenn mehrere Lösungen, Meinungen, Produkte zur Auswahl stehen.

In der Politik lässt sich das gut beobachten. Alle Parteien meinen es gut mit unserem Land. Die Frage ist nur: Wer hat den besseren Weg, die bessere Lösung, das bessere Programm?

Und mit unserem Wissen über die verschiedenen Persönlichkeitstypen wissen wir, dass jeder Persönlichkeitstyp etwas anderes unter „besser" versteht. Der eine versteht unter besser „effizienter", der andere „sicherer", der dritte „gerechter", der vierte „freier" usw.

Auch unsere Parteien befolgen die Limbischen Instruktionen in unterschiedlichem Maße. Die FDP mehr die Dominanzinstruktionen, die Grünen die Stimulanzinstruktionen, die großen Volksparteien die Balanceinstruktionen, wobei die SPD mehr das Anschluss- und Bindungsmotiv betont.

Finden Sie heraus, was für Ihre Teilnehmer einen Wert darstellt. Die typgerechten Checklisten erleichtern Ihnen das systematische Auffinden guter Argumente nach Präferenzen, sie ermöglichen Ihnen den Nerv Ihrer Zielgruppe ohne Umschweife zu treffen. Von unschätzbarem Wert erweisen sie sich dann, wenn Ihre Zielgruppe oder Ihr Gesprächspartner ganz anders gestrickt ist als Sie.

Kernbotschaften für den logischen Redestil

- **Nutzensargumente:** mehr Vorsprung; mehr Status; mehr Leistung; mehr Gewinn; mehr Effektivität; mehr Effizienz; mehr Professionalität; mehr Ruhm; mehr Stolz; mehr Eindruck auf andere; mehr Einfluss; mehr Durchsetzung; mehr Ressourcen; mehr Marktchancen; mehr Klarheit; mehr Präzision; mehr Kraft etc.

- **Nachteilsargumente:** Schwäche; Versagen; überholt werden; andere an sich vorbeiziehen sehen; mehr Fehler machen, Geld verlieren; übervorteilt werden; Minderwertigkeit; den Anschluss verlieren; mit veralteter Technik arbeiten, vom Markt verschwinden; schlapp; leistungsunfähig; unentschlossen wirken; schwammig etc.

Kernbotschaften für den strukturierten Redestil

- **Nutzensargumente:** mehr Sicherheit; mehr Kontrolle; mehr Qualität; mehr Kontinuität; mehr Ordnung; mehr Organisation; mehr Rücklagen; mehr Stabilität, mehr Zuverlässigkeit; mehr Garantie; mehr Ruhe; mehr Schutz; mehr Unauffälligkeit; praktischer, einfacher etc.

- **Nachteilsargumente:** Verlust von Sicherheit; Gefahr; Störung; Angst; die Kontrolle verlieren; Chaos; Destabilisierung; Unordnung; Krankheit; Vergeudung; Verschwendung etc.

Kernbotschaften für den gefühlvollen Redestil

- **Nutzensargumente:** mehr Verbundenheit; bessere Beziehung; bessere Gefühle; mehr Liebe; mehr Sinnlichkeit; mehr Geborgenheit; mehr Zufriedenheit; mehr Wohlbefinden; mehr Bequemlichkeit; mehr Menschlichkeit: Anteilnahme, Mitgefühl, Nächstenliebe, Nachsicht, Aufmerksamkeit; mehr für die Familie; anderen etwas Gutes tun; mehr Gerechtigkeit etc.

- **Nachteilsargumente:** ausgeschlossen werden; nicht dazugehören; Liebesverlust; Konflikte; kein Zusammenhalt; Ungerechtigkeit; emotionale Kälte; mehr Anstrengung; mehr Egoismus etc.

Kernbotschaften für den experimentellen Redestil

- **Nutzensargumente:** mehr Freiheit; mehr Offenheit; mehr Selbstverwirklichung; mehr Selbstständigkeit; mehr Spaß; mehr Prestige; mehr Wirkung auf andere; besseres Image; Trendsetter; mehr Kreativität; Grenzen überschreiten; mehr neue Erfahrungen; mehr Begeisterung; mehr Aufregung; mehr Individualität, mehr Jugendlichkeit, mehr Flexibilität, Avantgarde etc.

- **Nachteilsargumente:** Langeweile; Monotonie; stehen bleiben; veralten, Einschränkung der Freiheit; Begrenzungen; Einengung; Reglementierung; Imageverlust; Gewöhnlichkeit, Mittelmäßigkeit; in der Masse untergehen; Starrheit; Unbeweglichkeit; unflexibel usw.

Himmel oder Hölle? „Weg-von-“ und „Hin-zu-“Motivation

Was ist überzeugender? Hoffnung über Nutzen zu erzeugen oder Angst über Nachteile zu verbreiten? Zuckerbrot oder Peitsche? Himmel oder Hölle?

Vera ist Inhaberin einer jungen Werbeagentur. Sie ist eingeladen vor ca. 50 Existenzgründern aus ihrer Region ihr Angebot zu präsentieren. Sie geht davon aus, dass mehr Dominanz- und Stimulanztypen den Schritt in die Selbstständigkeit wagen, und konzentriert sich auf den logischen und experimentellen Redestil. Die beiden anderen möchte sie auf alle Fälle mit ansprechen, ihnen aber weniger Gewicht verleihen. Sie weiß, dass die meisten Existenzgründer wenig Geld haben und dazu neigen, ihre Geschäftsausstattung am heimischen PC selbst herzustellen.

Ihr Ziel ist es, möglicht viele Aufträge für komplette Geschäftsausstattungen zu bekommen. Sie wird auf folgende Kernbotschaften setzen:

Vorteile:

- *Imagegewinn*
- *Mehr Marktchancen/Amortisation*
- *Garantie für Erfolg*
- *Bequemlichkeit*

Ausbleibende Vorteile/vermeidbare Nachteile:

- *Hinterhof-Image*
- *Nicht ernst genommen werden auf dem Markt/Geldvernichtung*

- *Keine Garantie für Erfolg beim Selbermachen*
- *Anstrengung und Mühe, da man nicht weiß, wie es richtig geht*

Vera zeigt Prospekte und Visitenkarten, die unprofessionell am heimischen PC gebastelt wurden, um anschaulich die Nachteile zu belegen; und sie zeigt professionell gestaltete Unterlagen, um anschaulich die Vorteile einer Zusammenarbeit mit ihrer Werbeagentur zu belegen. Sie präsentiert wissenschaftliche Untersuchungen, die belegen, welche Unternehmen nach fünf Jahren nicht mehr am Markt existieren: natürlich die ohne professionelle Geschäftsausstattung. Sie verteilt Amortisationsberechnungen, die belegen, in welcher Zeitspanne sich die Investition in professionelle Geschäftsausstattungen rechnet.

Vielleicht fragen Sie sich jetzt, warum Vera sowohl mit Vorteilen als auch mit Nachteilen argumentiert. Inhaltlich kommt wenig neue Information an. Haben Sie sich schon mal gefragt, warum die Kirche uns seit 2.000 Jahren zu einem sittlichen Leben nicht nur mit der Aussicht auf den Himmel und das Paradies motiviert? Warum braucht sie dazu die Hölle und das Fegefeuer? Lesen Sie im oberen Beispiel die Vorteile, also den „Himmel", und Nachteile, also die „Hölle", genau durch. Spüren Sie den emotionalen Unterschied? Es werden ganz unterschiedliche Affekte erzeugt. Bei den Vorteilen: Hoffnung, Zuversicht, Freude, Stolz, Ansporn etc. Bei den Nachteilen: Angst, Bedrohung, Minderwertigkeitsgefühle, Abscheu etc. Hier finden wir es wieder, das Prinzip der Limbischen Instruktionen, die uns über die Belohnung mit positiven Emotionen und über die Bestrafung mit negativen Emotionen auf Evolutionskurs halten.

Psychologen haben herausgefunden, dass manche Menschen sich eher über „Himmel-Szenarien" motivieren lassen und andere eher über „Hölle-Szenarien" (Charvet: 2001). Deshalb empfiehlt es sich, in einer Präsentation vor unterschiedlichen Menschen Vorteile und vermeidbare Nachteile anzusprechen. Die Psychologie nennt die Himmel-Richtung „Hin-zu-(Ziel)-Motivation". Diese Menschen lassen sich von Vorteilen, von Wünschen und Zielbildern motivieren. Menschen, die eher das Problem vermeiden möchten, haben eine „Weg-von-(Problem)-Motivation", das heißt, sie wissen eher, was sie **nicht** wollen, und haben keine konkrete Vorstellung vom Ziel. Diese Menschen lassen sich eher durch vermeidbare Nachteile motivieren. Mit welchem Szenario würde Vera Sie eher überzeugen?

Ihre Kernbotschaften sind das emotional bewegende Element Ihrer Präsentation: Mit ihnen motivieren (movere = bewegen) Sie Ihre Teilnehmer sich zu ändern, sich Ihre Meinung zu Eigen zu machen, Ihr Produkt zu kaufen. Alles übrige Material der folgenden Kapitel gruppiert sich um diese Kernbotschaften herum, um sie zu stützen, zu verdeutlichen, anschaulich hervorzuheben. Alle weiteren Schritte dienen nur der rhetorischen Bearbeitung Ihrer Kernbotschaften! Jedes Wort, jede Folie, jede Interaktion – alles dient nur dazu,

Kernbotschaften einleuchtend zu machen, zu verankern und schließlich Zustimmung für Ihr Ziel zu erzeugen. Denn das ist der eigentliche Zweck Ihrer Präsentation!

Welches sind die Kernbotschaften Ihrer Präsentation?

Für welchen Nutzen sind Ihre Teilnehmer besonders empfänglich? Passen Sie Ihre Präsentation den Werten und dem Denkstil Ihrer Zuhörer an. Orientieren Sie sich an Ihrer Zielgruppenpyramide von Seite 40. Wählen Sie vier Himmel-Kernbotschaften und vier Hölle-Kernbotschaften aus:

Vorteile (Himmel) Wenn Sie meinem Vorschlag folgen, dann bedeutet das für Sie ... (Befolgung der Limbischen Instruktionen und somit Belohnung mit positiven Gefühlen)
1
2
3
4

Ausbleibende Vorteile/Nachteile (Hölle) Wenn Sie meinem nicht Vorschlag folgen, dann bedeutet das für Sie ... (Nichtbefolgung der Limbischen Instruktionen und somit Bestrafung durch negative Gefühle)
1
2
3
4

Warum vier Botschaften?

Sollten Sie vor einem sehr einheitlichen Publikum präsentieren, reicht manchmal auch eine einzige Kernbotschaft, weil die Teilnehmer über ähnliche Werte, Denkstile und Probleme verfügen.

David ist Marketingleiter. Er möchte seinen neuen Marketingplan vom Vorstand genehmigen lassen. Er weiß, dass alle das gleiche Ziel verfolgen: das Finanzziel zu erreichen. Hier reicht eine Kernbotschaft: „Genehmigen Sie meinen Marketingplan, um Ihre Finanzziele zu erreichen! Wenn nicht, ist das Finanzziel gefährdet.“

Wenn Sie vor Publikum mit unterschiedlichen Limbischen Instruktionen und unterschiedlichen Denkstilen präsentieren – was viel häufiger der Fall ist –, brauchen Sie einen Motor für jeden Persönlichkeitstyp. Dann können Sie zwei, drei oder gar vier Kernbotschaften ansprechen. Deshalb die vier Spalten.

Eine runde Sache:
Die Whole-Brain-Präsentation

Aus meiner Erfahrung als Trainerin und als Rednerin weiß ich, dass eine Präsentation, die alle vier Aspekte menschlichen Daseins berücksichtigt, auch auf homogene Zielgruppen sehr ausgewogen und motivierend wirkt. Ned Herrmann verweist in seinem Buch „Das Ganzhirn-Konzept für Führungskräfte“ (Herrmann: 1997, Seite 218) darauf, dass gerade Menschen, die in der Hierarchie weit oben stehen, ausgewogene Profile haben. Denn nur wem alle Denkstile zur

Verfügung stehen, kann alle Anforderungen und Hindernisse meistern, die ihm auf dem Weg nach oben gestellt werden. Natürlich dürfen Sie bei einer „Whole-Brain-Präsentation“ proportional vorgehen, das heißt der im Publikum vorherrschenden Instruktion den größten und hellsten Raum zugestehen.

Entscheiderkreise mit konträren Interessenlagen in einer Präsentation

Gerade in Business-Präsentationen begegnen Ihnen unterschiedliche Denkstile gleichzeitig bei Ihren Teilnehmern. Aus didaktischen Zwecken handelt es sich bei den folgenden Zuordnungen um eine grobe Typisierung. Natürlich gibt es Ausnahmen und natürlich stehen den meisten Menschen mehrere Denkstile zur Verfügung. Die Beobachtung zeigt, dass bestimmte Berufe bestimmte Profile anziehen. Ihnen sitzen also in Business-Präsentationen Techniker, Einkäufer, Ingenieure, Geschäftsführer mit hohen Präferenzen für den logischen Redestil gegenüber. Ihnen sitzen die Leute aus der Qualität, aus der Produktion mit Präferenzen für den strukturierten Redestil gegenüber. Oder Leute aus dem Marketing, aus dem Vertrieb, aus der Forschung- und Entwicklungsabteilung oder Unternehmer mit eher experimentellem Redestil. Und oft ist es Ihre Aufgabe, alle zu überzeugen! Und das bei manchmal konträren Interessenlagen.

Das System der abgestimmten Kernbotschaften

Mit dem System der abgestimmten Kernbotschaften können Sie diese verzwickte Aufgabe lösen. Dabei machen Sie sich das Prinzip der selektiven Wahrnehmung zunutze. Menschen sind besonders aufmerksam, wenn ihr bevorzugter Redestil dran ist, und hören eher weg, wenn etwas für sie keine Relevanz hat (wenn zum Beispiel ihre Werte nicht angesprochen werden, wenn nicht in ihrem Denkstil gesprochen wird oder wenn ihre Sorgen und Wünsche nicht im Mittelpunkt stehen). So können Sie in einer Präsentation sogar gegensätzliche Denkstile ansprechen. Wenden Sie sich mit Ihrer Körpersprache denjenigen zu, für die die Botschaft konzipiert ist. Dann wenden Sie sich der nächsten Kernbotschaft zu und sprechen den nächsten (passenden) Personenkreis an usw. Ich verspreche Ihnen: Es funktioniert!

Präferenz ist nicht gleich Kompetenz

An dieser Stelle möchte ich noch zwei wichtige Erfahrungen aus der Arbeit mit der Denkstilanalyse hervorheben. Erstens: Roland Spinola, der das HBDI im deutschsprachigen Raum bekannt gemacht hat, betont ausdrücklich, dass **Präferenz nicht gleich Kompetenz** bedeutet. „Kompetenz erwirbt man durch Training, durch Lernen und Erfahrung; Präferenz ist angeboren oder erwählt, vielleicht anerzogen.“ (Spinola/Peschanel: 1988, Seite 47). Wenn jemand den experimentellen Denkstil bevorzugt, heißt das nicht, dass er automatisch ein begnadeter Künstler ist. Wenn jemand den logisch-analytischen Denkstil bevorzugt, heißt das auch nicht, dass er automatisch ein begnadeter Mathematiker wird. Beide müssen auch lernen und üben – aber es fällt ihnen leichter als denjenigen, die keine Präferenz hierfür besitzen. Zweitens: Wenn wir für einen Denkstil nur wenig Talent haben, bedeutet das nicht, dass wir hier keine Fähigkeiten haben. Wir können sie uns aneignen und uns, so Spinola, **„Inseln der Kompetenzen"** schaffen – nur, wir werden es nicht so gerne tun!

4. Schritt: Kernbotschaften beweisen

Nachdem Sie nun Ihr Präsentationsziel bestimmt, Ihre Zielgruppe analysiert und Ihre Kernbotschaften auf Ihre Teilnehmer ausgerichtet haben, folgt jetzt der vierte Schritt in der Vorbereitung Ihrer Präsentation. Hier geht es darum, Kernbotschaften zu stützen, zu beweisen und zu belegen. Waren in Schritt 2 und 3 Ihre Intuition, das Zusammenspiel von gefühlvollem und expressivem Denkstil, gefordert, so heißt es nun: Schalten Sie auf Ihren logischen Denkstil um! Willkommen im Reich der Argumentationstheorie!

Heiko ist Vertriebsingenieur. Sein Kunde hat schlechte Umfrageergebnisse in den USA. Heute präsentiert er vor einem gemischten Team, bestehend aus Einkäufern, Technikern, Leuten aus der Produktion und Qualitätssicherung, eine Lösung, die sehr viele Vorteile besitzt. Früher hätte er ***alle*** *Vorteile nach dem Gießkannenprinzip in einer Beamer-Folienschlacht aufgezählt. Heute konzentriert er sich auf drei* ***passende*** *Kernbotschaften:*

- *Besseres Image: steigert Umfrageergebnisse in den USA,* ***weil ...***
- *Vorsprung durch Technik gegenüber Mitbewerber,* ***weil ...***
- *Produktions- und Qualitätssicherheit durch langjährige Zusammenarbeit,* ***weil ...***

In diesem Schritt werden wir uns mit den weil-Sätzen nach dem Komma beschäftigen. Denn Kernbotschaften haben den Status von **Thesen** und sollten gestützt, bewiesen und belegt werden. Und auch die Stützargumente, Beweise und Belege können auf den jeweiligen Redestil abgestimmt werden.

Ein Beispiel: Nehmen wir an, Sie präsentieren eine Dienstleistung und behaupten, Ihre Dienstleistung verhelfe Ihren Teilnehmern zum Erfolg. Das ist Ihre Kernbotschaft. Sie haben eine These aufgestellt, also liegt die Beweispflicht auf Ihrer Seite. Was genau nun Ihre Teilnehmer als überzeugend empfinden, hängt stark von deren Profil ab. Es gibt Menschen, die lassen sich nur durch harte Fakten und Zahlen überzeugen. Andere brauchen die Gewissheit, dass Ihre Dienstleistung schon vielfach erprobt ist und in ähnlichen Fällen schon erfolgreich angewendet wurde. Diese Menschen brauchen also Referenzen. Andere Teilnehmer vertrauen ihrem Gefühl. Sie beobachten ganz genau, was Sie für ein Mensch sind, ob Sie ihnen sympathisch sind, und achten auf ihr „Bauch-Gefühl". Wieder andere Menschen brauchen visuelle Belege. Sie müssen es sehen, dass Ihre Dienstleistung sie erfolgreicher macht. Hier könnten Bilder, Videos, Besichtigungen überzeugend wirken.

Wie lassen Sie sich überzeugen?
Ich beobachte in Seminaren oder Coachings immer wieder, dass wir Menschen fast immer dazu neigen, die Argumente und Beweismittel auszuwählen, die wir selbst für überzeugend halten. Und wir kommen meist nicht auf die Idee, dass andere Menschen anderen Aspekten der Wirklichkeit Glauben schenken!

Reflexion

Wie lassen Sie sich überzeugen? Wollen Sie Argumente **hören?** Wollen Sie ein gutes **Gefühl** bei der Sache haben? Wollen Sie **sehen,** dass es funktioniert? Achten Sie mehr auf die Sache oder auf die Person? Brauchen Sie Details oder Überblick? Vertrauen Sie mehr der Theorie oder dem praktischen Tun? Bevorzugen Sie nüchterne Zahlen oder visualisierte Grafiken? Überzeugt Sie eine stringente logische Aussage mit belegbaren Fakten oder beobachten Sie den Redner, die feinen Nuancen der Inkongruenz in der Körpersprache und Stimme? Finden Sie bewährte oder originelle Aspekte überzeugend? Reizt Sie das Ziel oder fürchten Sie das Problem?

Die meisten Menschen vertrauen **unbewusst** den Kriterien ihrer bevorzugten Denkstile! Weil wir die Welt durch die Brille unserer Programme sehen und diese Programme für uns so selbstverständlich wie die Luft zum Atmen sind. Das Herrmann Brain Dominanz Instrument und die Limbischen Instruktionen können uns diesen Automatismus **bewusst** machen. Sie tragen so wesentlich dazu bei, uns selbst besser zu verstehen und zu verstehen, warum wir so oft aneinander vorbeireden.

Profi-Tipp

Es gibt nicht **das** überzeugende Argument oder **die** überzeugende Beweisführung. Die unterschiedlichen Redestile empfinden jeweils andere Mittel und Vorgehensweisen als überzeugend.

Limbische Topik als Suchmaschine für Überzeugungsmittel

Angelehnt an die rhetorische Tradition der **Topik** habe ich Ihnen die wichtigsten Überzeugungsmittel in vier Katalogen nach Redestilen aufgelistet. Die Liste erhebt keinen Anspruch auf Vollständigkeit oder Systematik. Das wäre ein Thema für eine wissenschaftliche Arbeit. Ich habe mich anregen lassen von Ned Herrmann (1991/1997), von den Unterlagen von Herrmann International Deutschland, den Metaprogrammen des Neurolinguistischen Programmierens (Charvet: 2001) und natürlich von der Tradition der Rhetorik. Hier vor allem von der Topik von Aristoteles, Cicero und Quintilian.

Von der antiken Rhetorik bis in die frühe Neuzeit war die Topik das Hilfsmittel der Argumentation. „Topos“ bedeutet auf Griechisch „Ort“. Und in der Argumentationstheorie war es der Ort, an dem sich die Argumente verbergen. Topoi sind formale Denkschemata, die mit dem konkreten Inhalt der Rede gefüllt werden können. Sie können aber auch inhaltliche Gemeinplätze sein. Die Topik ist eine Art „Suchmaschine“, um möglichst schnell und systematisch viele plausible Argumente zu finden.

Die Topik geriet in Vergessenheit, weil unsere Gesellschaft immer komplexer wurde und es sich als schwierig erwies, die unterschiedlichen gesellschaftlichen Entwicklungen in einem Argumentenkatalog zu vereinen. In unserem Fall erlebt die Topik ihr Comeback, denn es lässt sich feststellen, dass die einzelnen Persönlichkeitstypen ihre ganz eigene Topik besitzen. Gemeinsam mit den ausdifferenzierten Kernbotschaften bildet die ausdifferenzierte Topik das argumentative Grundgerüst der **limbischen Rhetorik.**

Die typgerechte Topik erleichtert Ihnen das systematische Auffinden guter Argumente, Beweise und Belege nach Präferenzen, sie ermöglicht Ihnen im Denkstil Ihrer Teilnehmer zu präsentieren. Sie garantiert Ihnen, dass Ihre Präsentation verstanden, nachvollzogen und geglaubt wird. Sie bewirkt, dass Ihre Rede sehr ausgeglichen, durchdacht und gut vorbereitet wirkt. Hier einige Beispiele, an denen Sie sich orientieren können:

Überzeugungsmittel für den logischen Redestil

Genaue Zahlen
Zum Beispiel: Wie viel genau? Wie lang? Seit wann? Wie groß? Wie schwer? Wie schnell?

Präzise Informationen
Wirklichkeiten beschreiben:
Fakt ist : W1 …, W2 …, W3 …
(W=Wirklichkeit); nur das, was eine Videokamera aufzeichnen könnte (keine Interpretation, keine Spekulation, keine Bewertung, keine Gefühle): Tatsache ist: …;
Fakt ist: …; Im Wesentlichen geht es um …

Kausalitäten
Wenn …, dann …; Wenn …, dann nicht …; Wenn nicht …, dann …; Wenn nicht …, dann nicht …; Nur genau dann wenn …; Es sei denn (Ausnahmen) …; Kausalketten

Schluss von der Ursache auf die Wirkung
Warum ist die Situation so? Welche Ursachen gibt es? Welche Auswirkungen? Positive Konsequenzen; negative Konsequenzen

Genaue Problemanalysen
Klare Definition; Zergliedern in Teilprobleme; Lokalisieren von Zusammenhängen; Herausarbeiten von Teil- und Nebenaspekten; Erkennen von Abhängigkeiten

Deduktion
(Schluss vom Ganzen auf das Teil)
Wenn alle …, dann auch hier …; Wenn überall …, dann auch in diesem Fall; Wenn im Allgemeinen, dann im Speziellen …

Belege
Statistiken; Umfragen; Marktforschungen; Wissenschaft: Hypothesen und Theorien; Experimente; Forschungsergebnisse; Studien; Indizien

Überzeugungsmittel für den strukturierten Redestil

- **Beispiele**

Belegendes Beispiel; Gegenbeispiel; konkrete Beispiele; praktische Beispiele; Fallbeispiele; viele Beispiele bringen und daraus die allgemeine Regel (=Theorie) ableiten

- **Bewerten und Ausprobieren von Theorien**

Praktische Übungen; Experimente; Fallbeispiele; genaue Beschreibung des konkreten Einzelfalls

- **Belege**

Dokumente: Verträge, Gesetze, Abmachungen, Protokolle, Zusagen
Gesetze: Regeln, Gewohnheiten, Vorschriften, Verträge, Anweisungen; Aussagen aus der Vergangenheit

- **Aussagen von anerkannten (!) Autoritäten, Referenzen, Erfahrung**

Zum Beispiel Aussagen von Vorgesetzten, Geschäftsleitern, anerkannten Experten; Zitate zufriedener Kunden/Anwender, Empfehlungsschreiben; Weiterempfehlungen; Tradition; Berufserfahrung; Erfahrung mit ähnlichen Projekten; Ausbildungsweg

- **Testergebnisse, Siegel, Zertifikate, Garantien**

Zum Beispiel eigene Testreihen, Stiftung Warentest; Verbandssiegel, Innungssiegel, Meistersiegel; ISO-Zertifizierung; Ausbildungszertifikate; Garantienachweise, Geld-zurück-Garantie, Möglichkeiten eines Testlaufs; kostenlose Testmöglichkeiten (Proben), Qualitätsgarantien

- **Fokus auf Umsetzung, Bewährtes und Ähnliches**

Pläne, Abläufe, Ressourcenverteilung, Implementierung; bewährte Lösung; so machen es die anderen; so machen es die meisten; so wie immer; ähnlich wie; Standards; so wie bisher; so wie Generationen vor uns; das Gleiche wie …; folgende Gemeinsamkeiten …; sinnvolle Evolution

- **Fokus auf Details,**

die Sicherheit versprechen; die gleich bleiben; die einfach zu handhaben sind; die Sorgfalt zeigen

Überzeugungsmittel für den gefühlvollen Redestil

- **Gefühlswahrnehmung- und Verbalisierung**

Auf das eigene Gefühl verweisen; Welche Gefühle löst das Thema aus? Welche Gefühle löst das Thema bei nicht anwesenden Betroffenen des Themas aus? Welche Gefühle entstehen hier und jetzt während der Präsentation? Emotionen zulassen und in Worte fassen: „Sie fühlen sich …“; ins Gefühl gehen: Wie ging es Ihnen damals? (Gefühlshölle); Wie wird es Ihnen erst gehen, wenn Sie meinem Vorschlag folgen? (Gefühlshimmel)

Persönliche Erfahrungen

Warum bin ich persönlich dafür oder dagegen? Was berechtigt mich, über dieses Thema zu sprechen? Wer bin ich? Private Aspekte; persönliche Meinung

Empathie und Einfühlung

Befürchtungen und Sorgen der Teilnehmer aufnehmen und zerstreuen; aktiv zuhören – Verständnis äußern; für die Sorgen und Nöte der Teilnehmer da sein

Ethische und menschliche Aspekte

Entspricht es den Werten der Teilnehmer? Verspricht es Akzeptanz? Können Ihre Teilnehmer damit anderen etwas Gutes tun? Wer ist dabei? Was sind das für Menschen? Wie wirkt sich das Thema auf Team, Mitarbeiter, Kunden aus? Wie kann es kommuniziert werden?

Auswirkungen auf persönliches Wohlgefühl

Wie betrifft es Ihre Teilnehmer persönlich? Welchen persönlichen Nutzen haben Ihre Teilnehmer? Erleichtert es das Leben Ihrer Teilnehmer? Hilft es ihnen, sich wohler zu fühlen? Fühlt es sich gut an?

Gemeinschaft des Denkens und Fühlens erzeugen

Persönliche Begrüßung mit Namensnennung und persönlicher Note; freundliche Möglichkeiten zum Kennenlernen und Austausch; Vorstellungsrunden; ein Gruppengefühl erzeugen; gemeinsam Lösungen suchen; Gruppenarbeit; Gespräche im Plenum; lockere Diskussionen; informelle Gespräche; Pausen

Fokus auf Kinästhetik

Fühlen und spüren: probieren lassen, selber tun lassen, anfassen lassen ...; Bewegung: aufstehen, Gruppenarbeit, Räume wechseln; Aktivitäten; Körperaktivierungen; alle Sinne ansprechen: zum Beispiel Poesie, Musik, Düfte, Getränke, Essen, Proben, Modelle, Materialmuster, Stoffmuster, Farbpaletten; Geschenke verteilen

Überzeugungsmittel für den experimentellen Redestil

Wozu-Argumente

Die Vision; die Strategie; Zukunftsszenarien; Soll-Zustände, langfristige Strategien – nie zu kurz denken; Welcher Preis wird langfristig gezahlt? Neue, zukunftsorientierte Ideen: Trends auf dem Markt, auf Messen; die Philosophie; das Konzept – der Sinn hinter den Dingen

Systemische Aspekte – das große Ganze

Wie betrifft die Änderung eines Faktors das ganze System? Welche Auswirkungen auf andere Subsysteme sind zu erwarten? Vernetztes Denken: Auswirkungen, an die man nicht sofort denkt. Tableau; Bild; Überblick; Zusammenhang; Verknüpfungsmöglichkeiten und Synergieeffekte; ganzheitliche Sichtweise; disziplinübergreifendes Denken

Visuelle Argumente

Bild, Analogien, Metaphern; geführte Visualisierungen: „Stellen Sie sich vor ...", „Wie werden wir dastehen, wenn ...?", „Wie sieht das aus, wenn ..."; zeigen; sehen lassen; Bilder; Fotos; Filme; Videos; Grafiken; Schaubilder; Aspekte des Designs; Gestaltung

Hypothetische Argumente

Probelauf in der Phantasie: „Stellen Sie sich einmal vor …“, „Angenommen …“

Anders als die anderen!

USP (Unique Selling Proposition) = Alleinstellungsmerkmal; innovative Merkmale; Einzigartigkeit; originelle, neue Sichtweisen; neue Argumente; Avantgarde; Trendsetter; Individualität; neue Medien; neue Strukturen; neue Abläufe; neue Veranstaltungsdramaturgie – noch nie Dagewesenes

Spannung und Abwechslung erzeugen

Zum Beispiel rätselhafte Ankündigungen, Geheimnisse; Aha-Erlebnisse: zum Beispiel Produkt erst am Ende zeigen – vorher abgedeckt; Ratespiel und Wettbewerbe; Quiz; Humor; kreatives Arbeiten; harte Schnitte und Wechsel in der Veranstaltungsdramaturgie; mit unterschiedlichen Medien arbeiten; unterschiedliche Didaktik; Möglichkeiten der Auswahl

Neue Bedeutungen finden

Umdefinieren; Reframing (neuer Rahmen für altes Thema); andere Sichtweisen; zugespitzte Thesen; provokative Aussagen

Benutzen Sie die Topik als inspirierende Suchmaschine. Lassen Sie Ihr Thema wie über ein Raster laufen, deklinieren Sie es in den verschiedenen Redestilen durch, lassen Sie sich anregen. Die Topik ist wie ein zwangloser guter Freund: Sie müssen nicht, aber sie dürfen alles!

Tipp

Eine umfassende Darstellung der Überzeugungsmittel erhalten Sie in der separat erhältlichen Arbeitsunterlage zu diesem Buch: „Speak Limbic! – Überzeugungsmittel, Formulierungen und Methoden um alle anzusprechen“.

Finden Sie nun die passenden Überzeugungsmittel für Ihre Kernbotschaften. Schauen Sie sich noch einmal Ihre Kernbotschaften von Seite 46 an und entwickeln Sie ganz gezielt Überzeugungsmittel. Benutzen Sie hierfür die oben aufgeführten Beispiele als Anregung.

Kernbotschaft (HÖLLE für Teilnehmer, abgestimmt auf Redestile)	**Überzeugungsmittel (abgestimmt auf Redestile)**
Kernbotschaft 1	
Kernbotschaft 2	
Kernbotschaft 3	
Kernbotschaft 4	

Kernbotschaft (HIMMEL für Teilnehmer, abgestimmt auf Redestile)	**Überzeugungsmittel (abgestimmt auf Redestile)**
Kernbotschaft 1	
Kernbotschaft 2	
Kernbotschaft 3	
Kernbotschaft 4	

Fällt Ihnen ein bestimmter Redestil eher schwer?

Scheuen Sie sich nicht Berater hinzuzuziehen, wenn Ihnen ein Redestil sehr schwer fällt, Sie jedoch genau diese Teilnehmer erwarten und viel auf dem Spiel steht. Arbeiten Sie mit Ihrem Team zusammen, denn hier finden Sie meist alle Denkstile. Arbeiten Sie an sich, wenn Sie merken, dass Ihnen ein Redestil besonders schwer fällt. Besuchen Sie Fortbildungen, die Sie bisher immer gemieden haben. Sind Sie gefühlvoll, könnte Ihnen ein technischer Kurs über Ihr Thema Vorteile bringen; sind Sie eher logisch, besuchen Sie ein Persönlichkeitsseminar. Gehören Sie dem strukturierten Denkstil an, dann tun Sie etwas ganz Verrücktes! Und sind Sie ein experimenteller Typ, dann lernen Sie zum Beispiel Etikette und Normen Ihrer Zuhörer im Detail kennen oder legen Sie einen minutiösen Ablaufplan fest und halten Sie sich daran! Je mehr unterschiedliche Denkstile Ihnen zur Verfügung stehen, umso flexibler können Sie auf Ihre Teilnehmer eingehen und umso mehr Teilnehmer gewinnen Sie für sich!

5. Schritt: Strategisch anordnen und überzeugend gliedern

Das Pulver nicht zu früh verschießen

Als Cäsar seine Truppen gegen den Feind aufstellte, ordnete er sie nicht willkürlich: hier ein Reiter, da ein Bauer, dort eine Kohorte. Cäsar überlegte sich abgestimmt auf die feindlichen Truppen, auf die Topografie und auf die eigene Stärke eine Strategie. Strategie bedeutet der richtige, geplante Einsatz der eigenen Kräfte und Mittel in Bezug auf das Erreichen eines Zieles. Die wichtigste Voraussetzung ist die **Konzentration** der Kräfte. Es kommt darauf an, sich auf das **Wesentliche** und auf **Weniges** zu konzentrieren und dieses so geschickt wie möglich einzusetzen – also nicht sein ganzes Pulver auf einmal zu verschießen. In meinen Rhetorik-Trainings erlebe ich immer wieder genau diese Situation. Gleich am Anfang werden Lösungen präsentiert, Forderungen gestellt, Meinungen verraten. Das ist aus mehreren Gründen sehr ungeschickt:

- Ihre Teilnehmer wissen vielleicht noch gar nicht, dass sie eine Lösung brauchen. Das heißt, es ist kein Problembewusstsein vorhanden. Wo kein Problembewusstsein – da auch kein Interesse für eine Lösung!

- Ihre Teilnehmer wissen noch gar nicht, welchen Nutzen Ihre Lösung für sie hat. Sie haben also kein Zielbewusstsein. Wo kein Ziel, kein Wunsch, keine Sehnsucht nach einer Lösung – da auch kein Interesse für Ihre Lösung.

- Ihre Teilnehmer haben noch keine Argumente, Beweise und Belege in der Hand – das macht Ihre Lösung angreifbar. Sie provozieren nur Fragen und Gegenargumente.

- Ihre Widersacher im Teilnehmerkreis haben nun alle Zeit der Welt, Ihre Lösung zu zerpflücken und dann als Retter der Not die eigene Lösung (natürlich strategisch geschickt) aus dem Ärmel zu ziehen. Und Sie stehen als Verlierer da.

- Schnelldenker langweilen sich und gehen Ihnen verloren.

- Sie können keinen Spannungsbogen aufbauen.

Profi-Tipp

Nutzen Sie auch für andere Situationen diese wichtige Regel der Rhetorik:
Erst begründen, dann sagen und zeigen!

Strategische Vorgehensweise

Lassen Sie uns gemeinsam überlegen, wie eine Präsentation strategisch aufgebaut wird. Was könnte am Anfang stehen? Was gehört eher in den Hauptteil? Was kommt zum Schluss? Lassen Sie uns wie jeder erfolgreiche Stratege vom Ziel aus beginnen. Zum Schluss einer Präsentation steht immer der Abschluss: das „Ja", der Auftrag, das Ziel. Damit Ihre Teilnehmer auch wissen, was sie tun können, steht ganz am Schluss der Handlungsappell hierzu. Wie weiter oben dargelegt, ist es gut, die eigene Lösung erst zum Schluss zu präsentieren. Sie steht an der

Stelle vor dem Abschluss. Und da wir nicht mit der Tür ins Haus fallen wollen, steht am Anfang eine Einleitung. Fehlt uns also noch der Hauptteil. Zu jeder Problemlösung gehört, wie wir oben gesehen haben, ein Problem. Dieses Problem kennen Sie ja durch Ihre gründliche Zielgruppenanalyse. Das heißt, nach der Einleitung vertiefen wir das Problembewusstsein und rütteln unsere Teilnehmer auf! Zuerst analysieren wir das Problem und dann schildern wir anschaulich die Nachteile, die entstehen, wenn nicht gehandelt wird. Wir beobachten unsere Teilnehmer und vergewissern uns, dass sie das Problem erkannt haben und emotional betroffen sind. Wenn diese jetzt sorgenvoll nicken und unserem Vortrag zustimmen – können Sie die nächste Phase einleiten. Jetzt können Sie den Wunsch nach einer Problemlösung so richtig entfachen und Ihren Teilnehmern aufzeigen, wie positiv das Ziel sein könnte. Sie schildern hier anschaulich die Vorteile und wecken positive Emotionen – den Himmel für Ihre Teilnehmer, wie im vorletzten Kapitel beschrieben. Ihre Teilnehmer sollten jetzt richtig gespannt auf Ihre Lösung sein. Dann erst präsentieren Sie Ihre Lösung (Ihren Vorschlag/Ihr Produkt/Ihr Projekt).

Diese Redestruktur eignet sich für alle Präsentationen mit dem Ziel zu überzeugen (verändern, motivieren, verkaufen). Sie heißt: **Problemlöseformel** (vergleiche hierzu auch Hierhold: 2005). Ihre grundlegende Struktur ist immer: Einleitung – problematischer Ist-Zustand (Hölle) – Absicherung – Idealer Soll-Zustand (Himmel) – Lösung – Abschluss (siehe Abbildung 10).

Die drei Funktionen der Einleitung

Welche Funktion hat die Einleitung? Warum fangen wir nicht einfach mit unserem besten Argument an? Stellen Sie sich vor Ihrem geistigen Auge den Anfang einer Präsentation vor. Jeder Teilnehmer hetzt aus einer anderen Welt herbei, hat den Kopf noch voll mit den Ereignissen des Tages, hat sich vielleicht geärgert oder ist in Gedanken ganz woanders. Nun ist es Ihre Aufgabe, aus diesem bunt gemischten Menschenhaufen eine Gruppe, eine Gemeinschaft des Denkens und des Fühlens zu machen, kurz: ein „Wir-Gefühl" zu erzeugen. Außerdem hört Ihnen niemand zu, bis die Teilnehmer Sie nicht von oben bis unten gemustert haben. Bereits 1971 hat Albert Mehrabian unter dem Titel „Silent Messages" seine Forschungsergebnisse zur Bedeutung nonverbaler Kommunikation veröffentlicht und kam zu dieser Aufsehen erregenden Zahl: 93 Prozent der Glaubwürdigkeit gehen von Ihrer Person aus.

Das heißt, Ihre Teilnehmer verlassen sich eher auf den Eindruck, den Sie hinterlassen, als auf Ihre Inhalte. Ihre Teilnehmer wollen erst wissen, was Sie für ein Mensch sind. Auch interessiert es sie, welches Thema ansteht und was sie in der nächsten Stunde erwartet.

Die Einleitung hat also drei Funktionen. Erstens ist sie Ihre **Visitenkarte als Redner.** Schon die antike Rhetorik erkannte diese Funktion „das Wohlwollen des Publikums zu gewinnen" oder „sich das Publikum geneigt zu machen". Auch wenn die Begriffe verstaubt sind, der Gedanke dahinter gilt bis

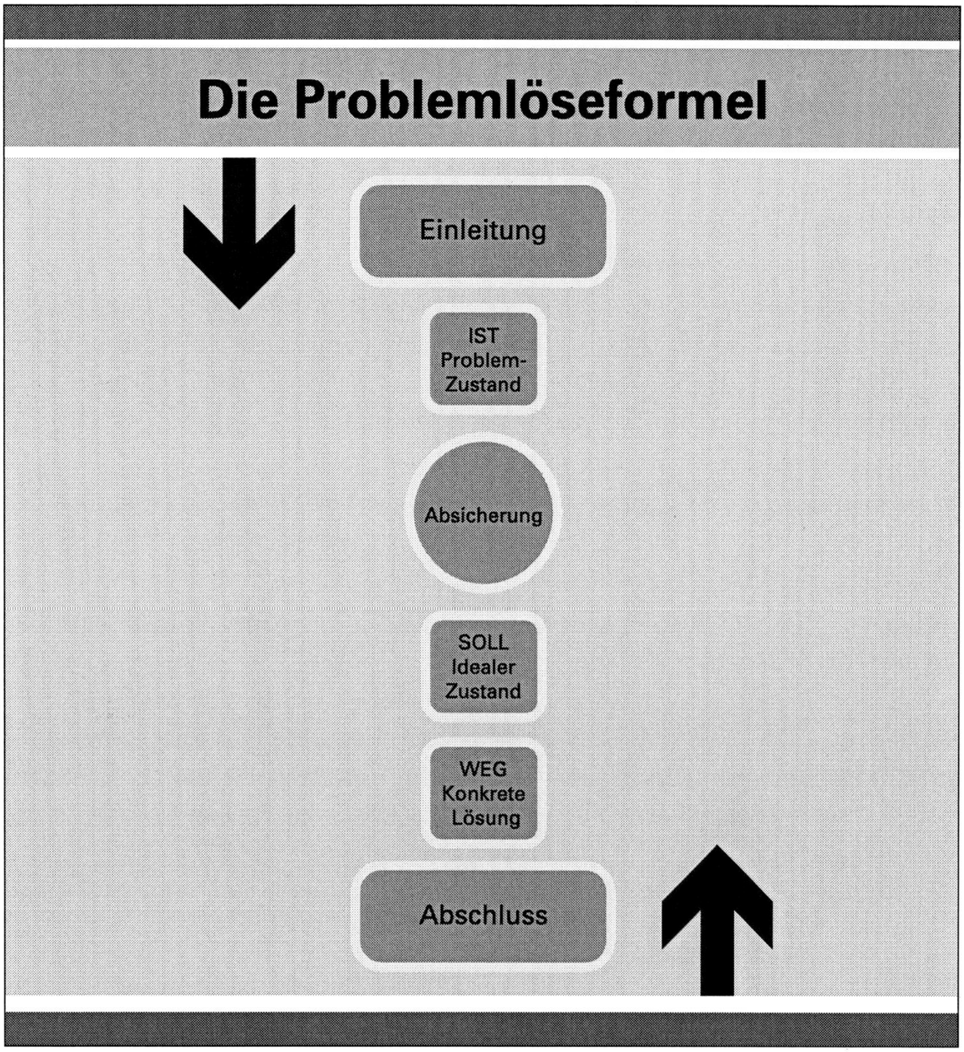

Abbildung 10: Die Phasen der Problemlöseformel

heute. Denn Menschen glauben nur, wem sie vertrauen. Und sie vertrauen demjenigen, den sie sympathisch finden. Und sie finden den sympathisch, der ihnen ähnlich ist.

Die zweite Funktion der Einleitung besteht darin, das **Interesse zu wecken.** Behutsam die Teilnehmer aus ihrer Welt in Ihre Welt zu führen, ein gemeinsames Kopfkino zu erzeugen, sie an ähnlichen Gefühlen und Stimmungen teilhaben zu lassen. Das können Sie zum Beispiel erreichen, indem sie eine (rhetorische) Frage stellen. Fragen haben die Eigenschaft in den Köpfen nach Antworten zu suchen. Und schon sind alle mit Ihrer Frage, mit Ihrem Thema, also mit einer Gemeinsamkeit beschäftigt. Sie können aber auch eine Geschichte erzählen. Oder interaktive Elemente einbauen. Oder provozieren und schockieren.

Und die dritte Funktion der Einleitung besteht darin, den Teilnehmern **Sicherheit über Struktur zu geben:** Vorstellungen, Who is Who; Abläufe, Tagesordnungspunkte, Spielregeln, Pausenregelungen, Unterlagen, Verpflegung, Organisatorisches usw. Vor allem wenn viele Balanceteilnehmer (strukturierte und gefühlvolle Persönlichkeiten) anwesend sind, dürfen Sie diesen Punkt auf keinen Fall vernachlässigen.

Profi-Tipp

Die Einleitung wird zum Schluss produziert. Denn nur wenn Ihre Präsentation fertig ist, wissen Sie genau, wofür die Einleitung Interesse wecken soll. Außerdem wird die Einleitung wortwörtlich auf dem Manuskript festgehalten. Denn wenn Sie mit der Einleitung flüssig „einfädeln", haben Sie die größte Hürde genommen.

Was macht eine gute Einleitung aus?

Es lohnt sich, an der Einleitung zu feilen. Wirkungsvolle Einleitungen verweisen ohne erhobenen Zeigefinger sehr behutsam sofort auf das Problem oder wecken Hoffnung auf Lösung und Vorteile.

Wohlwollen erzeugen:
Freundliche Begrüßung; geschickte Komplimente; Hinweise auf eigene Fachkompetenz; Versprechen positiver Botschaften und wertvoller Informationen; Versprechen von Kürze

Interesse wecken:
Rhetorische Frage; Verblüffung; Aufsehen erregende Zahl oder Information; Bilder; Analogien; Geschichten, Beispiele; Phantasie; Anbinden an aktuelle Situation; den Titel der Präsentation kommentieren

Gemeinschaft schaffen
Vorstellungsrunde; Interaktion mit Teilnehmern; gemeinsame Aktionen; als Mensch sichtbar werden

Sicherheit geben über Struktur
Ablauf; Organisatorisches; Spielregeln etc.

Logische Denker schätzen eine kurze Einleitung („Zeit ist Geld"; „auf den Punkt kommen"), experimentelle Denker eine außergewöhnliche Einleitung („Wow! Das könnte spannend werden!"), gefühlvolle Teilnehmer eine persönliche Einleitung („Wer ist das? Wer sind die anderen? Wie fühle ich mich?"). Strukturierte Teilnehmer wollen genau wissen, was sie erwartet. Die Funktion der Einleitung gilt für alle Teilnehmertypen – nur der Stil variiert.

Carmen ist Innenarchitektin. Sie hat sich auf Bürogestaltungen spezialisiert und präsentiert Ihre Leistungen vor sehr unterschiedlichen Menschen: Unternehmern, Geschäftsführern, Architekten, Facility-Managern, Betriebsräten, Selbstständigen, Mitarbeitern. Ihr Redeziel ist es, neue Kunden zu gewinnen. So stimmt Sie Ihre Einleitung auf ihr Publikum ab:

Hier vier Beispiele in allen Redestilen:

- *Experimenteller Redestil: Wenn viele kreative Teilnehmer anwesend sind, entführt Carmen sie ins Jahr 2020. Sie beschreibt anschaulich und begeistert, wie wir Menschen dann arbeiten, welche phantastischen Veränderungen eingetreten sind. Die Menschen haben Spaß, verwirklichen sich selbst, arbeiten flexibel und frei usw.*

- *Logischer Redestil: Wenn viele zahlenorientierte Menschen anwesend sind, fällt Carmens Einleitung knapp und präzise aus: Nachdem sie sich vorgestellt und ihre Kompetenz herausgehoben hat, beginnt sie mit „Wie können Sie die Produktivität Ihrer Mitarbeiter um bis zu 20 Prozent erhöhen?".*

- *Gefühlvoller Redestil: Nachdem Carmen sich ausführlich persönlich vorgestellt hat, erzählt sie mit ausdrucksstarker Körpersprache von ihrem abgeschlossenen Projekt. Sie erzählt, wie es den Menschen vorher ging und wie es ihnen jetzt geht. Sie beschreibt vor allem die Gefühle der Menschen und sie zitiert sie wörtlich, um lebendig und fesselnd zu erzählen.*

- *Strukturierter Redestil: Carmen stellt sich vor und hebt ihre langjährige Erfahrung und ihre Mitgliedschaft in Verbänden hervor. Auf dem Flipchart steht für alle gut sichtbar der Ablauf inklusive Pausen. Sie fängt mit einem konkreten Hölle-Beispiel der Bürokultur an und zählt auf, was in diesem Fall alles unpraktisch, unzuverlässig und unsicher ist.*

Mit der Einleitung holen Sie Ihre Teilnehmer aus deren Welt in Ihre Welt ab. Deshalb ist es genau hier von größter Bedeutung, im Redestil Ihrer Teilnehmer zu präsentieren. Wenn Sie das Vertrauen Ihrer Zuhörer errungen haben, sind diese auch bereit Ihnen in Ihre Welt zu folgen.

Problematischer Zustand: die Hölle

Jetzt folgt der „Hölle"-Teil: die Analyse des Problems und die negativen Konsequenzen. Wichtig ist Ihre Körpersprache. Wenn Sie ein fröhlicher und optimistischer Mensch sind: herzlichen Glückwunsch. Doch in dieser Phase ist er wirklich nicht angebracht – Sie wollen ja ein Problembewusstsein schaffen, Sie wollen wachrütteln. Legen Sie Ihre Stirn in Falten, lächeln Sie nicht, schauen Sie besorgt. Falten Sie die Hände vor der Brust zusammen und führen Sie eine Hand ans Kinn. Nicken Sie langsam und ernst. Die Gefühle, die Sie jetzt auf Ihre Zuhörer übertragen, sind: Besorgnis, Befürchtung, Verunsicherung. So wie ein Arzt bedeutungsschwer nickt, wenn er nach einer Untersuchung zu seinem übergewichtigen, rauchenden und trinkenden Patienten sagt: „Wenn Sie so weitermachen, dann sieht es nicht gut für Sie aus!" Gehen Sie diplomatisch vor. Schnell vermittelt die Problemanalyse („Du hast ein Problem") – auf der Beziehungsebene: „Du bist nicht o.k.!" Und solche Botschaften rächen sich. Entweder offen als Einwände und Angriffe oder Absage, oder verdeckt als passive Aggression (alle stimmen zu und keiner tut was; verdeckte Sabotage). Ihre Teilnehmer sollen eher das Gefühl bekommen: „Ja, der versteht uns!", „Ja, der kennt unsere Sorgen!“ Sprechen Sie an dieser Stelle in „wir“-Form (Botschaft: „Du bist o.k. – Wir alle haben Probleme“) oder unpersönlich (ohne Subjekt: „es“, „man“, „jeder“, „der Markt“, „die Lage“). Das Ziel dieser Phase ist es, Ihre Teilnehmer in eine Nick-Stimmung zu bringen. Mischen Sie sachliche Analyse (Fakten, Ursachen, alles, was sich belegen lässt) und die negativen Konsequenzen. Erstere erzeugen Glaubwürdigkeit und Vertrauen und letztere erzeugen Emotionen. Nutzen Sie die Topik, um Ihre Kernbotschaften zu stützen, zu beweisen und zu belegen.

Carmen präsentiert vor einer gemischten Teilnehmergruppe. In dieser Phase kommt es darauf an, bei allen das Gefühl zu erzeugen: „So kann es nicht weitergehen – es muss etwas geschehen!“

Die implizite (nicht ausgesprochene!) Logik der Argumentation: „Wenn Sie Ihr Büro nicht von mir neu gestalten lassen, dann hat das folgende negative Konsequenzen ...“

Sie hat folgende Kernbotschaften ausgewählt:

- *Experimenteller Redestil: Stillstand; Überalterung*
- *Logischer Redestil: Fluktuation von Leistungsträgern*
- *Strukturierter Redestil: gesundheitsschädlich*
- *Gefühlvoller Redestil: keine Umgebung, die dem Menschen entspricht.*

Mithilfe der Topik sucht sie für jeden Redestil die passenden Argumente, Beweise und Belege. Die Kernbotschaft „Stillstand/Überalterung“ stützt sie mit einer Analogie und zeigt Fotos von veralteten Maschinen aus der entsprechenden Branche, die längst durch neue Hochleistungsmaschinen ersetzt wurden („Das-ist-wie-Argument“ aus der Lebenswelt der Zuhörer). Die Kernbotschaft „Fluktuation von Leistungsträgern“ belegt sie mit Zahlen einer Studie der Industrie- und Handelskammer. Die Kernbotschaft „gesundheitsschädlich“ belegt sie mit Referenzen anerkannter Autoritäten aus dem Gesundheitsbereich und zitiert wörtlich deren Stellungnahmen zu schädlichen Bürolandschaften (Autoritätsargument durch von den Zuhörern anerkannte Autoritäten). Die Kernbotschaft „nicht dem Menschen entsprechend“ belegt sie mit ihren eigenen Erfahrungen und öffnet an dieser Stelle ihre bisher monologische Präsentation für den Dialog. Sie fragt die Zuhörer direkt nach deren negativen Erfahrungen.

Während der ganzen Phase achtet Carmen darauf, unpersönlich zu formulieren („Es gibt Bürolandschaften ...“), damit sich kein Teilnehmer beschuldigt und somit unwohl fühlt. Sie tritt nicht überlegen oder besserwisserisch auf, sondern eher besorgt.

Profi-Tipp

Wenn Sie schwierige Veränderungen präsentieren oder trotz guten Willens keine Vorteile finden, dann dürfen Sie noch eine Zwischenphase einbauen: die Mega-Hölle, die Sie zu verhindern wussten. Jetzt erscheint die normale Hölle als Himmel und Sie als Retter. Wichtig ist hier, dass Sie keine Scheinszenarien aufbauen und unbedingt die Wahrheit sagen. Denn wenn Scheinszenarien auffliegen, verlieren Sie Ihre ganze Glaubwürdigkeit. Und ein Redner ohne persönliche Glaubwürdigkeit kann noch so gut präsentieren – alles wird nur noch als hohles Blendwerk empfunden!

Die Absicherung: Schaffen Sie Konsens

Den Abschluss dieser Phase bildet die Vergewisserung, die Sie entweder direkt aussprechen: „So kann es nicht weitergehen, stimmen Sie mir da zu?“ oder sich subtiler abholen. Jetzt haben Sie Ihr erstes „Ja“ – eine Art Vorvertrag durch Absegnung der Prämissen. Jetzt wissen Sie, dass Sie auf dem richtigen Weg sind.

Carmen musste sich nicht explizit vergewissern, ob sie die Probleme ihrer Zuhörer erkannt hatte. Der kurze geplante (!) Dialog über die negativen Erfahrungen und das leichte Nicken der Zuhörer reichen als Bestätigung. Nun wechselt sie die Position im Raum und präsentiert in der nächsten Phase mit motivierter Körpersprache die Vorteile.

Doch was tun Sie, wenn Sie jetzt skeptische Gesichter sehen? Das bedeutet ja, Sie haben die Werte und Probleme Ihrer Zielgruppe falsch eingeschätzt oder Sie argumentieren und präsentieren am Redestil der Gruppe vorbei. Jetzt dürfen Sie auf keinen Fall so weitermachen!

Ich beobachte in den Präsentationskursen häufig folgendes Verhalten: Der Präsentierende hat sein ganzes Publikum verloren. Es sitzt entweder gelangweilt oder verschlossen oder träumend da. Was tun die meisten? Sie spüren, dass dieser Weg sie nie ans Ziel führen wird – doch statt den Weg zu verlassen, geben sie noch mehr Gas, sie werden schneller im Sprechen, zeigen noch mehr Folien, schütten noch mehr Argumente nach dem Gießkannenprinzip auf ihre Teilnehmer, sprechen noch mehr mit der Wand.

Das führt in eine Sackgasse, aus der Sie nicht mehr herauskommen. Jetzt können Sie noch umdrehen. Fragen Sie Ihre Teilnehmer direkt: „Ich sehe skeptische Gesichter – wie erleben Sie die Situation?“ Wenn Sie sich diese Offenheit noch nicht zutrauen, versuchen Sie es mit einer Kehrtwende und definieren Sie das Problem neu. Wechseln Sie den Redestil. Beobachten Sie genau die Körpersprache Ihrer Teilnehmer. Wenn Sie sich öffnen, leicht vorbeugen oder sich ihre Miene aufhellt, haben Sie einen neuen Hebelansatzpunkt gefunden. Machen Sie dann sofort an diesem Punkt weiter.

Idealer Zustand: Der Himmel

Jetzt kommt der Himmel, das Ziel. Wie präsentieren wir das Ziel so motivierend wie möglich? Genau gleich wie in der Hölle-Phase, nur mit positivem Vorzeichen.

Zurück zu Carmen, der Innenarchitektin. Die implizite Logik ihrer Argumentation lautet jetzt: „Wenn Sie Ihr Büro von mir neu gestalten lassen, dann hat das folgende positive Konsequenzen ...“

Ihre Kernbotschaften lauten jetzt:

- *Experimenteller Redestil: Trendsetter*
- *Logischer Redestil: Hochleistungsteams*
- *Strukturierter Redestil: mehr Gesundheit*
- *Gefühlvoller Redestil: Wohlfühlen bei der Arbeit*

Ihre Argumente, Beweise und Belege: Für „vorn dabei sein“ zeigt sie jetzt als Kontrast Bilder der innovativen Maschinen ihrer Teilnehmer. Zum Thema „Hochleistungsteam“ präsentiert sie eine externe Befragung der Belegschaft in einem Unternehmen, das sie komplett neu eingerichtet hat. Sie besitzt dadurch Zahlen, die die effektivere Zusammenarbeit im Team belegen. Zum Thema Gesundheit hat sie neue ergonomische Büromöbel mitgebracht mit Prüfzertifikaten und Testergebnissen. Sie lässt die Teilnehmer die neuen Möbel ausprobieren. Das Thema „Wohlfühlen“ spricht sie an, als einige Teilnehmer gar nicht mehr aus den bequemen Stühlen aufstehen wollen. Sie zeigt Farb- und Materialmuster und fertige Einrichtungsbeispiele.

Hätte Carmen nur vor logischen Zuhörern präsentiert, hätte sie alle Kernbotschaften auf diesen Denkstil ausgerichtet, zum Beispiel Prozesse beschleunigen; Entscheidungsfindung verbessern; Leistung der Mitarbeiter erhöhen (wenn möglich mit Zahlen). Hätte sie vor nur vor strukturierten Zuhörern gesprochen, hätte sie zum Beispiel folgende Botschaften ausgewählt: höhere Zweckmäßigkeit; solide Qualität; Vorteile für Gesundheit. Hätte sie nur vor gefühlvollen Zuhörern gesprochen, hätte sie zum Beispiel folgende Botschaften ausgewählt: mehr Teamgeist, menschlichere Organisation, Freude bei der Arbeit. Hätte sie nur vor experimentellen gesprochen, hätte sie zum Beispiel folgende Botschaften auswählen können: Trendsetter; Imagegewinn bei Kunden und Mitarbeitern; Architektur und Unternehmensphilosophie.

Konkrete Lösung: Varianten und Stufen

Nun haben wir das Zielbewusstsein geweckt. Ihre Teilnehmer wissen, welchen Zustand sie verändern möchten und welche Vorteile sie dann haben. Was jetzt noch fehlt, ist der Weg zum Ziel. Wie kommen Sie von Ist zu Soll? Es ist Ihre Aufgabe, jetzt Lösungen zu präsentieren oder anzuregen. Wenn Sie ein Produkt oder eine Dienstleistung verkaufen, ist jetzt erst der Zeitpunkt gekommen sie vorzustellen. Das fällt den meisten Menschen schwer. Doch es lohnt sich – wenn Sie bisher alles richtig gemacht haben, brennen Ihre Teilnehmer jetzt regelrecht darauf, zu erfahren, was Sie vorschlagen oder mitgebracht haben. Präsentieren Sie vor strukturierten und gefühlvollen Teilnehmern einen Stufenplan, vor experimentellen die Möglichkeiten zur Auswahl und vor logischen Teilnehmern Varianten mit Pro und Contra. Wenn Sie eine Variante bevorzugen, setzen Sie Techniken aus der Verkaufsrhetorik ein: zum Beispiel bevorzugte Variante zum Schluss nennen, bevorzugte Variante im Redestil der Zuhörer, die andere im konträren Stil oder sprechen Sie selbstbewusst Ihre Empfehlung als Experte aus.

Profi-Tipp

Präsentieren Sie drei Lösungen.
Eine sehr aufwendige/hochwertige/kostenintensive, eine mittlere und eine schnelle/minderwertigere/preiswertere. Erstens beschäftigen sich Ihre Teilnehmer nicht mehr mit der Frage, ob sie zustimmen sollen oder nicht. Ihre Teilnehmer beschäftigen sich jetzt eher mit der Frage, **welche** Lösung ihnen mehr zusagt. Zweitens gehen die meisten Menschen nach folgendem Schema vor: Das teuerste muss es nicht sein, das billigste auch nicht – und entscheiden sich für die mittlere Lösung. Nehmen Sie also eine exklusive Lösung mit ins Programm (auch wenn Sie zum Ladenhüter wird) und nennen Sie diese zuerst. Sie wirkt in unserem Gehirn, so Hans-Georg Häusel, als Gedächtnisanker. Die anderen Lösungen werden in Relation dazu gesetzt und erscheinen dann vernünftig.

Jetzt erst präsentiert Carmen ihr Angebot. Sie zeigt drei verschiedene Lösungsmöglichkeiten, die mit unterschiedlichem Aufwand für ihre Teilnehmer verbunden sind. Die teure Lösung besteht aus edlem Echtholz, die billige aus Furnier. Die mittlere aus stabiler Multiplexplatte. Sie hat Zeichnungen und Fotos mitgebracht. Auf dem Präsentationstisch steht ein Modell eines Büros, das sie neu gestaltet hat, in Vorher-nachher-Ausführung. Ihre Teilnehmer stellen ihr jetzt viele Fragen. Carmen hat sich auf Einwände und Gegenargumente gut vorbereitet und beantwortet kurz und präzise die Fragen der logischen und strukturierten Teilnehmer und geht ausführlicher auf die gefühlvollen und experimentellen Teilnehmer ein. Einwände betrachtet sie als Chance, denn hier erfährt sie direkt die ***Werte*** *und* ***Wünsche*** *Ihrer Teilnehmer und kann ihre Antwort sofort darauf ausrichten.*

Abschluss: Sichern Sie Ergebnisse

Was jetzt noch fehlt, ist der Schluss – oder der Abschluss. Dies ist die wichtigste Phase einer Präsentation. Eine Präsentation ohne Abschluss ist eine erfolglose Präsentation – egal wie gut sie war! Unterschätzen Sie nicht, wie viele Menschen Angst vor Abschlüssen (Angst vor Zurückweisung, Angst vor dem Nein) haben. Noch eine Gefahr besteht. Gerade nach der Lösungspräsentation kommt es zu angeregten Diskussionen (Diskussionsphase). Jetzt lauert Gefahr von allen Seiten: Ein dominanter Teilnehmer wird Wortführer; die Diskussion ufert aus; es wird verhandelt; die Zeit neigt sich dem Ende zu; der Entscheider muss gehen; Ihre Widersacher gewinnen an Boden; Sie verzetteln sich; Sie verlieren Ihr Ziel aus den Augen. Und was passiert: Die Entscheidung wird vertagt oder die Präsentation endet ganz ohne Ergebnis. Dann war alles für nichts! Also: Vergessen Sie in der Diskussionsphase nie den Abschluss! Ein Abschluss kann eine Zustimmung sein, er kann eine Auftragserteilung sein, er kann eine Vereinbarung sein.

Er kann die klare Aufforderung sein, sich Ihrer Meinung anzuschließen oder in Zukunft in Ihrem Sinne zu handeln. Ein Abschluss signalisiert eindeutig: Redeziel erreicht! Der

Abschluss ist der Höhepunkt Ihrer Präsentation.

Profi-Tipp

für Geschäftsabschlüsse. Kunden scheuen sich, „Ja" zu (großen und teuren) Projekten zu sagen. Fragen Sie deshalb nach Teilzustimmungen, die, wenn sie gegeben werden, das „Ja" zum gesamten Projekt implizieren. Plakativ ausgedrückt: Statt „Kommen wir ins Geschäft?" – besser „Wohin sollen wir liefern?" (Saxer: 2004).

Hier einige Anregungen, wie Sie den Schluss Ihrer Präsentation gestalten können:

- kurze Wiederholung aller Himmel-Kernbotschaften
- besonders eindringlich formulieren
- für den Schluss ein besonders starkes Argument, ein aufrüttelndes Beispiel aufheben
- Appell zum Handeln oder Umdenken (zum Beispiel Redeziel mit Ausrufezeichen)
- anschauliche Nutzenargumentation
- Ausblick in die Zukunft
- Zitat; einprägsames Motto; Sentenz
- kann mit Einleitung in Beziehung stehen (Ringstruktur)

Carmen hat in der Diskussionsphase immer ihr Ziel vor Augen gehabt. Sie hat in der Einwandphase sogar die Beziehung zu ihren Teilnehmern vertieft, weil sie deren Einwände als Wünsche aufgefasst hat und spontan maßgeschneiderte Lösungen präsentierte. Jeden Einwand quittierte sie deshalb auch positiv mit „Gute Frage!", „Das ist ein wichtiger Aspekt" usw. Als sie merkt, dass alle Fragen beantwortet sind, wiederholt sie noch einmal die zentralen Botschaften und hat sich für den Abschluss noch ein starkes Argument aufgehoben. Bis Jahresende gibt es steuerliche Vorteile, die im nächsten Jahr abgeschafft werden. Da sie weiß, dass Menschen Angst vor großen Entscheidungen haben, kommt sie ihren Teilnehmern entgegen. Sie fordert sie nicht dazu auf, ihr den Auftrag zu erteilen, sondern fragt sie, ab wann sie von diesen Vorteilen profitieren möchten. Sie macht „nur" einen Termin für das Aufmaß aus – implizit jedoch hat sie den Auftrag!

Jetzt erst ist Ihre Präsentation fertig. Jetzt heißt es: nichts wie weg! Gehen oder konsequent das Thema wechseln. Denn alles, was jetzt kommt, zerstört diese Stimmung oder zerredet den Erfolg. Nach einer Präsentation haben sich schon manche um Kopf und Kragen geredet. Die Gefahr besteht in Ihrer nachlassenden Anspannung, die bewirkt, dass Sie genau die Argumente nennen, die Sie mit Bedacht nicht in Ihrer Präsentation genannt haben. Oder Sie machen taktische Fehler. Also: Suchen Sie einen guten Grund, warum Sie jetzt gehen können, und gehen Sie.

Niemand sagt gerne zweimal „Nein"

Manchmal sagen Entscheider „Nein", obwohl Sie Ihr Bestes gegeben haben. Das kann politische Gründe haben, zum Beispiel will man sich nicht von einem Lieferanten abhängig machen. Oder Sie haben trotz intensiver Vorbereitung den Nerv Ihrer Zuhörer nicht getroffen. Jetzt haben Sie zwei Möglichkeiten:

- Ihr Minimalziel: Machen Sie Zugeständnisse (Verhandeln).
- Ihre Brücke zum „Nein“: Fragen Sie Ihr Publikum, was Sie tun müssen, um doch noch ein „Ja“ zu erhalten; fragen Sie, unter welchen Bedingungen Ihre Teilnehmer zustimmen würden; bitten Sie eventuell um einen weiteren Termin oder darum, beim nächsten Mal wieder präsentieren zu können.

Sie haben mit diesem Buch eine präzise Methode an die Hand bekommen, um so selten wie möglich in die oben genannte Situation zu kommen. Denn wenn Sie die **Werte** Ihrer Teilnehmer ansprechen, ist das, was Sie sagen, wertvoll für Ihre Teilnehmer. Wenn Sie im Redestil Ihrer Teilnehmer präsentieren, werden Sie verstanden und kommen gut an. Und wenn Sie die Probleme Ihrer Teilnehmer lösen und die Vorteile der Lösung „limbisch“ herausarbeiten, wird Ihr Publikum Sie als Retter feiern!

Weitere Ebenen der Gliederung

Die limbische Problemlöseformel besitzt zwei Strukturierungsrichtungen: eine vertikale Phasenebene (emotionale Ebene) und eine horizontale Gliederungsebene (argumentative Ebene).

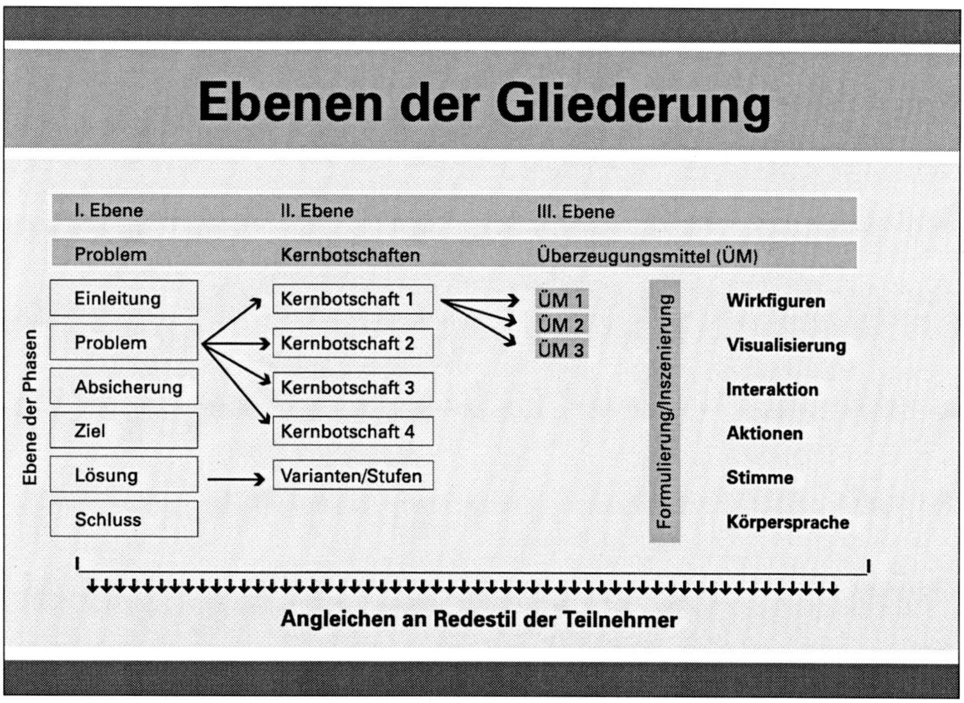

Abbildung 11: Vertikale Phasen und horizontale Ebenen der Gliederung

Vorteile der Trennung von vertikalen Phasen und horizontalen Ebenen der Gliederung sind:

- Die Phasen der Problemlöseformel sind ein strategisches und psychologisches Konstrukt. Sie funktionieren nur als Ganzes. Sie wirken über die Gefühlsrhetorik (Angst – Hoffnung – Erlösung) auf die emotionale Ebene.

- Die Ebenen der Gliederung haben zwei Funktionen: Erstens begründen und belegen sie; zweitens stellen sie Ebenen zunehmender Detaillierung dar. Sie wirken über Logik und Struktur.

- Je mehr Zeit Ihnen zur Verfügung steht, umso detaillierter und ausführlicher können Sie die Ebenen gliedern und in den nächsten Schritten der Produktion wirkungsvoll formulieren und inszenieren.

- Je weniger Zeit Sie zur Verfügung haben, umso weniger Ebenen der Gliederung präsentieren Sie (wenn Sie nur eine Minute haben: ein Satz pro Phase auf Ebene 1 – probieren Sie es aus – es funktioniert. Analysieren Sie hierzu Werbespots!).

Profi-Tipp

- Gekürzt wird horizontal auf Ebene der Gliederung – nie vertikal auf Ebene der Phasen!
- Je mehr Zeit, umso mehr Ebenen der Gliederung (umso mehr Argumente, Details und Inszenierungen)!

Sie haben mit der Problemlöseformel die **erste Ebene der Gliederung** in der Hand, die für alle Präsentationen gilt, die das Ziel haben zu überzeugen. Diese erste Ebene ist wieder untergliedert. So entsteht eine **zweite horizontale Ebene der Gliederung.** Hier finden wir für die Phasen „Problem“ und „Ziel“ die bis zu vier Kernbotschaften. Die Phase „Lösung“ können Sie auf Ebene 2 folgendermaßen strukturieren:

- Lösung 1 – Lösung 2 – Lösung n (Alternativen)
- Phase 1 – Phase 2 – Phase n (umsetzungsorientiert)
- Zeit 1 – Zeit 2 – Zeit n (Chronologie)
- **Wer** macht **was** bis **wann** und **wie?**
- Aspekt 1 – Aspekt 2 – Aspekt n

Profi-Tipp

Gliederungen wirken besonders stark in Dreier- oder Fünfergruppen. Nutzen Sie diesen Rhythmus konsequent für Ihre Präsentation. Auch kurze Statements werden so aufgebaut: Ein Statement hat fünf Phasen („Fünfsatz“) – drei Phasen sind für Argumente reserviert, eine für die Einleitung und eine für den Zielsatz.

Diese zweite Ebene ist wieder untergliedert. So entsteht eine **dritte horizontale Ebene der Gliederung.** Hier finden wir die Überzeugungsmittel. Denn die Kernbotschaften werden auf der dritten Ebene argumentativ gestützt, bewiesen und belegt. Und die Lösung/die Lösungen werden eventuell auf dieser Ebene begründet und bewertet. Da jeder Denkstil andere Überzeugungskriterien besitzt, richten Sie hier mit der Topik

Ihre Überzeugungsmittel auf den jeweiligen Denkstil ab. Die Länge Ihres Vortrags entscheidet über die weiteren Ebenen der Gliederung. Das heißt, es ändert sich lediglich die Anzahl der Detailebenen. **Nur so können Sie das Gießkannenprinzip verhindern!**

Um die Ebene der Formulierung und Inszenierung wird es in den beiden nächsten Schritten Ihrer Vorbereitung gehen. Schritt 6 beschäftigt sich damit, in welche Worte, Formulierungen und Wirkfiguren Sie Ihre Kernbotschaften und Argumente einkleiden. Jeder Denkstil bevorzugt bestimmte Worte und Formulierungen und hat seine eigene Stilistik. In Schritt 7, dem letzten Schritt, inszenieren Sie Ihr Material: Visualisierung, Interaktion, Aktionen, Körpersprache. Und auch hier gilt: Jeder Denkstil bevorzugt eine ganz bestimmte Inszenierung und Veranstaltungsdramaturgie.

Profi-Tipp

Es ist mit Redestrukturen wie mit Kochrezepten. Am Anfang ist es ratsam, sich an sie zu halten. Wenn man sie sicher beherrscht, kann man sie variieren. Und irgendwann kann man sie verfeinern oder kreativ erweitern. Das Prinzip bleibt jedoch immer: Problembewusstsein wecken, Sehnsucht nach Lösung erzeugen, Lösung präsentieren, abschließen – und sofort aufhören!

Die komplette Struktur auf einen Blick

Carmens Präsentationsziel:
Maximal: lukrative Komplettaufträge
Minimal: neue Kunden gewinnen
Zielgruppe: heterogen, jeder Redestil vertreten

I. Ebene der Gliederung	II. Ebene der Gliederung	III. Ebene der Gliederung
1. Einleitung Whole-Brain-Einstieg	**Strukturiert:** Vorstellung/Ablauf **Emotional:** Persönliche Vorstellung **Experimentell:** Zukunftsszenario **Logisch:** Frage der Gewinnmaximierung	
2. Problematischer Ist-Zustand	**Hölle-Kernbotschaften**	**Überzeugungsmittel**
	• **Experimenteller Redestil** Stillstand; Überalterung	• Analogie: Veraltete Maschine
	• **Logischer Redestil** Fluktuation von Leistungsträgern	• Studie der Industrie- und Handelskammer Ergebnis 1 Ergebnis 2 Ergebnis 3
	• **Strukturierter Redestil** Gesundheitsschädlich	• Referenzen anerkannter Autoritäten Zitat 1 – Autorität 1 Zitat 2 – Autorität 1 Zitat 3 – Autorität 2
	• **Gefühlvoller Redestil** Keine Umgebung, die dem Menschen entspricht	• Eigene negative Erfahrungen • Frage nach den negativen Erfahrungen der Teilnehmer – Dialog
Vergewisserung	**Implizit/beobachtend**	
3. Idealer Soll-Zustand	**Himmel-Kernbotschaften**	**Überzeugungsmittel**
	• **Experimenteller Redestil** Trendsetter	• Analogie: Innovative Maschine
	• **Logischer Redestil** Hochleistungsteams	• Befragung der Belegschaft Ergebnis 1 Ergebnis 2 Ergebnis 3
	• **Strukturierter Redestil** Mehr Gesundheit	• Erklärung am Modell: ergonomische Büromöbel Prüfzertifikate Testergebnisse
	• **Gefühlvoller Redestil** Wohlfühlen bei der Arbeit	• Ausprobieren lassen • Farbmuster • Einrichtungsbeispiele

4. Lösung	**Komplettangebot** • Echtholz • Furnier • Multiplex	**Varianten** • Modell: vorher – nacher • Vorteile dieser Lösung • Fragen der Teilnehmer • Zeichnungen • Vorteile/Nachteile dieser Lösung • Fragen der Teilnehmer • Fotos • Vorteile dieser Lösung • Fragen der Teilnehmer
5. Abschluss Whole-Brain-Abschluss	Kurze, eindringliche Wiederholung aller Kernbotschaften mit Zusatznutzen, Termin für Aufmaß	

Tabelle 3: Phasen und Ebenen der Gliederung an einem Beispiel

Feinheiten zur Problemlöseformel

- Wenn Ihre Teilnehmer sich des Problems sehr bewusst sind, brauchen Sie nur kurz auf das Problem/die Hölle einzugehen.
- Sind Ihre Teilnehmer eher ziel- oder zukunftsorientiert (logischer und experimenteller Redestil) dann gilt auch hier: Fokus auf Ziel/Himmel – Problem kurz halten, aber nicht auslassen.
- Manche Kernbotschaften sind gesellschaftlich tabuisiert oder politisch nicht korrekt. Sie werden dann nicht direkt ausgesprochen, sondern nur angedeutet. Es sind meistens die, die besonders viel Motivationskraft besitzen (wollen Sie eine kleine Kostprobe aus der aristotelischen Rhetorik? Neid, Geiz, Gier, Rache ...).
- Je höher das Niveau Ihres Publikums, umso länger auf Gegenargumente eingehen und widerlegen. Ebenfalls wichtig bei hohem Niveau: eine kritische Analyse mit Pro-und-Contra-Argumentation; verweilen Sie nicht zu lange bei Contra. In einer Demokratie ist die Gegenrede das gesellschaftliche Korrektiv.
- Je mehr Experten im Publikum, umso weniger plakativ Ihre Kernbotschaften – der Schwerpunkt liegt auf den Überzeugungsmitteln, vor allem auf den Belegen und Beweisen.
- Wenn Sie vor sehr vielen Menschen sprechen, gilt die Rhetorik der Massen: plakativ und emotional sprechen. Das erreichen Sie, wenn Sie länger bei den Kernbotschaften verweilen.
- Ihre Rede wird noch emotionaler und leidenschaftlicher, wenn Sie bei den Kernbotschaften die Gefühle explizit ansprechen (Gefühlshimmel und Gefühlshölle).

Profi-Tipp: Samenkornmethode

- Ihre Rede wird nüchterner und sachlicher, wenn die Kernbotschaften nicht ausgesprochen werden, sondern über Ihre Überzeugungsmittel wie ein Samen im Kopf Ihres Gegenübers aufgehen.
- Sie steigern die Überzeugungskraft Ihrer Rede, wenn Sie Ihre Teilnehmer Himmel und Hölle selbst aussprechen lassen: „Was passiert, wenn wir so weitermachen? Was haben wir davon, wenn …?"
- Sie steigern die Akzeptanz Ihrer Rede, wenn Sie Ihre Teilnehmer selbst die Lösung finden lassen (Was können wir tun? Wie können wir es tun? – Hierzu passen Workshop-Methoden gut: Gruppenarbeit, Metaplan etc.).

Wichtig: Es handelt sich bei den letzten drei Punkten um Profi-Techniken. Die können Sie nur anwenden, wenn Sie Ihr Thema beherrschen. Es handelt sich um ein Lockern der Zügel – nicht um ein Loslassen! Sie lenken und führen den Prozess – und dazu brauchen Sie die im Vorfeld ausformulierte Problemlöseformel! Wenn Sie diese Technik ohne perfekte Vorbereitung einsetzen, können Ihnen die Zügel entgleiten und Ihre Teilnehmer übernehmen die Lenkung.

6. Schritt: Feinschliff: einleuchtend, anschaulich und fesselnd formulieren

Wenn Sie ein Bildhauer wären, dann hätten sie jetzt die groben Umrisse aus dem Stein gehauen – was noch fehlt, ist der Feinschliff. Ich empfehle Ihnen ein ausformuliertes Manuskript. Sie können dazu ein Textverarbeitungsprogramm oder die Notizenseiten von PowerPoint benutzen. Das hat den Vorteil, dass der obere Folienbereich Sie daran erinnert, später Ihren Text zu visualisieren oder zu inszenieren. Legen Sie für jeden Gliederungspunkt Ihrer Problemlöseformel eine Seite an. Schreiben Sie ungefähr gleich viel pro Gliederungspunkt – das garantiert einen schönen Rhythmus.

Vorteile einer ausformulierten Präsentation auf den Notizenseiten von PowerPoint:

- Sie besitzen zum Schluss ein ausformuliertes Redemanuskript. Das garantiert Ihren Erfolg, weil Sie genau das sagen, was Sie vorbereitet haben.
- Sie denken Ihre Präsentation richtig durch und spüren Schwachstellen vorzeitig auf.
- Sie erkennen Zusammenhänge besser (als auf Aufzählungsfolien).
- Sie können Ihre Rede auf Ihr Publikum abstimmen – auch in der feinen Wortwahl.
- Sie haben Text und Folien immer zusammen (Menü: Ansicht → Notizenseiten/ Menu: Ansicht → normal).
- Sie können im gleichen Programm bleiben um zu visualisieren.
- Sie können aus Excel-Tabellen gleich Diagramme herstellen.
- Sie können leicht ganze Seiten/ Gliederungspunkte verschieben, wenn Sie merken, dass die Gliederung oder Anordnung nicht passt.
- Sie haben einen guten Überblick (Menü: Ansicht-Gliederung).
- Sie können die Seiten als Unterlagen für Ihre Teilnehmer ausdrucken.

- Sie können die Seiten mühelos in spätere Präsentationen einfügen.
- Sie können Ihren Auftritt üben.
- Das fertige Manuskript gibt Ihnen die nötige Sicherheit bei Ihrem Auftritt.

Diese Anregung verdanke ich dem durchdachten PowerPoint-Buch: *Erzählen statt aufzählen* von Cliff Atkinson (2005). Hier wird PowerPoint in seiner Ganzheit erfasst und entpuppt sich als effektives Instrument der Vorbereitung Ihrer Präsentation!

Schreiben Sie **jetzt** Ihren Text in die Notizenseiten von PowerPoint. Wir werden ihn nachher gemeinsam verfeinern. Sammeln Sie alle Informationen und bringen sie das Ganze in eine Form.

Feilen am Rohmanuskript

Jetzt haben Sie Ihr Rohmanuskript. Daran werden wir gemeinsam feilen. Und zwar erhalten Sie von mir vier Tabellen mit stilistischen Anregungen – für jeden Redestil eine. Da ja jede Ihrer Kernbotschaften inklusive Überzeugungsmittel einen ganz bestimmten Redestil anspricht, suchen Sie sich die passende Tabelle aus und korrigieren und überarbeiten Ihre Notizenseiten.

Wir konzentrieren uns auf die vier Aspekte, die hauptsächlich verantwortlich sind für die Unterschiedlichkeit der Redestile:

1. Stilkriterien

Sie gleichen Ihr Rohmanuskript dem Redestil Ihrer Zuhörer an (Ich zitiere Unterlagen von Herrmann International Deutschland).

2. Adjektive

Eine Funktion von Adjektiven ist es, zu bewerten – sie gleichen also Ihr Manuskript den Werten Ihrer Zuhörer an.

Beispiel für strukturierten Redestil:

- *Himmel: beständig, langjährig, loyal, sicher, stabil, treu*
- *Hölle: bedroht, gefährdet, illoyal, instabil, kritisch, riskant, ungewiss, unsicher, wechselhaft*

3. Tätigkeitsverben

Verben gleichen Ihr Manuskript den bevorzugten Tätigkeiten Ihrer Zuhörer an.

Beispiel für logischen Redestil:

- *Himmel: straffen, gewinnen, einnehmen, stärken, beschleunigen*
- *Hölle: draufzahlen, verlieren, nachgeben, bremsen, schwafeln*

4. Rhetorische Wirkfiguren

Rhetorische Wirkfiguren machen aus langweiligen und kraftlosen Sätzen Powersätze. Sie verankern die Botschaft im Gehirn und machen wichtige Botschaften unvergesslich! Je nach Wirkschwerpunkt machen sie Ihre Präsentation: prägnant; stringent; eindringlich; lebendig; anschaulich; originell; dialektisch. Jeder Denkstil bevorzugt bestimmte Wirkschwerpunkte.

Beispiel: Wirkschwerpunkt „lebendig“, gefühlvoller Redestil

Ohne Feinschliff: Der Umsatz geht nach oben. Aber es gibt Gefahren.

Mit Feinschliff: Der Umsatz springt vor lauter Freude an die Decke und reibt sich die Hände. „Ja“, denkt er, „so könnte es weitergehen. Doch um die Ecke lauert ...“

Feinabstimmung des Rohmanuskriptes auf den logischen Präsentationsstil	
Stilkriterien	Form: **klar, kurz, direkt** Inhalt: **objektiv, genau** Verwendet: **Zahlen, Fakten**
Adjektive	Zum Beispiel: *durchdacht, effektiv, erfolgreich, funktionell, lohnend, lukrativ, perfekt*
Verben	Zum Beispiel: *profitieren, optimieren, kalkulieren, durchsetzen, einsparen, verschlanken*
Rhetorische Wirkfiguren Wirkschwerpunkte: prägnant stringent dialektisch nüchtern	**Anapher: Wiederholungen am Satzanfang** Hebt wichtige Dinge hervor; erzeugt Prägnanz *Wir brauchen Investitionen, wenn wir am Markt bestehen wollen. Wir brauchen Investitionen, wenn wir die Nummer eins bleiben wollen!* **Anglizismen** Suggerieren weltweite Präsenz, Internationalität und Größe *Powerselling; Mind-Profit-Management* **Alliteration: gleicher Anlaut** Wirkt plakativ, prägnant und präzise *Klare Kalkulation; Profit-Pride-Pleasure* **Brevitas (Kürze)** *Zeit ist Geld!* **Euphemismus (Beschönigung)** *Herausforderung statt Problem; suboptimal statt fehlerhaft* **Kurze success-storys** *Über gelungene Projekte, Erfolge, Siege: sowohl eigene als auch die des Teams, des Projekts, des gesamten Unternehmens*

Feinabstimmung des Rohmanuskriptes auf den strukturierten Präsentationsstil	
Stilkriterien	Form: **schrittweise, geordnet** Inhalt: **detailliert, vollständig** Verwendet: **Reihenfolge, Struktur**
Adjektive	Zum Beispiel: *bewährt, einheimisch, sorgfältig, verbreitet, zuverlässig, zweckmäßig*
Verben	Zum Beispiel: *abwehren, steuern, stabilisieren, sparen, organisieren, erhalten, beschützen*
Rhetorische Wirkfiguren Wirkschwerpunkte: ordnend eindringlich konservativ	**Strukturieren** *Erstens ... Zweitens ... Drittens ...* *Drei Aspekte sind hervorzuheben: Sie erfahren zuerst ... und dann ... und zum Schluss ...; Ich komme nun zu Punkt drei ...; Und dies ist der Kern meiner Rede ...; Das Folgende ist besonders wichtig ...; Lassen Sie mich das anders ausdrücken ...; Ich wiederhole jetzt ...* **Parallelismus** Ähnlich im Aufbau/verschieden im Inhalt – mühelose Verarbeitung im Gehirn, da Struktur gleich bleibt; wirkt eindringlich und strukturiert *Wer weiß, wie das System funktioniert, wer lernt, wie man es anwendet und wer versteht, welche Vorteile es besitzt – der kann langfristig seine Position sichern.*

(Fortsetzung)	**Konkrete anschauliche Beispiele** *So haben wir das System zum Beispiel letzte Woche in Ingolstadt …* **Konventionelle, konkrete Metaphern** *Den Stab weitergeben; der Gipfel des Erfolgs* **Anti-Klimax: Herunterfahren zum Tiefpunkt** *Wenn wir weiterhin tun, was wir immer getan haben, dann verlieren wir zuerst die Kunden – dann unser Geschäft und schließlich unseren Lebensunterhalt!* **Nostalgie** Anlehnung an die gute alte Zeit *Bleiben Sie uns gewogen! Schulung statt Training; Vortrag statt Präsentation*

Feinabstimmung des Rohmanuskriptes auf den gefühlvollen Präsentationsstil	
Stilkriterien	Form: **freundlich, zwanglos** Inhalt: **subjektiv, persönlich** Verwendet: **Geschichten, Gefühle**
Adjektive	Zum Beispiel: *abgestimmt, gefühlvoll, sympathisch, warm, weich, wohlgeformt, zart, zufrieden*
Verben	Zum Beispiel: *dazugehören, bestärken, erleichtern, freuen, lieben, entspannen, wohlfühlen*
Rhetorische Wirkfiguren **Wirkschwerpunkte:** lebendig eindringlich	**Illustration mit Geschichten** *Da fällt mir eine Geschichte ein … (zum Beispiel aus dem Leben; von Menschen allgemein; persönliche Geschichten; Allegorien; Märchen; Anleihen aus Romanen, Filmen, Presse)* **Materialisierte Metapher** *Das heißt, die Objekte mitnehmen, von denen in der konkreten Metapher die Rede ist. („Unsere Arbeit ist ein Puzzle" – dann wirkliches Puzzle mitbringen).* **Personifizierung** *Muster: Wenn xy ein Mensch wäre, dann …: Der Umsatz springt vor lauter Freude an die Decke und reibt sich die Hände. „Ja", denkt er, „so könnte es weitergehen. Doch um die Ecke lauert …"* **Wörtliche Rede (Wechselrede)** *Neulich sagte ein glücklicher Anwender zu mir: „Wenn ich gewusst hätte, wie einfach die neue Software ist, ich hätte ich nicht so lange mit der Einführung gewartet!"* **Emphase/Nachdrücklichkeit** Akustische Markierung eines wiederholten Wortes durch Überbetonung: *Es ist angenehm, mit diesem System zu arbeiten, sehr angenehm (Stimme: weich, tiefer).* **Synästhesie** Mischung verschiedener Sinneseindrücke: *weiches Gelb; laute Freude*

Feinabstimmung des Rohmanuskriptes auf den **experimentellen** Präsentationsstil	
Stilkriterien	Form: **phantasievoll, ausgedehnt** Inhalt: **bildhaft, farbig, modellhaft** Verwendet: **Metaphern, Zitate**
Adjektive	Zum Beispiel: *auffallend, begeistert, eigenwillig, erstaunlich, frei, offen, spielend, neuartig*
Verben	Zum Beispiel: *inspirieren, faszinieren, erforschen, aufbrechen, motivieren, ausdehnen, erneuern*
Rhetorische Wirkfiguren **Wirkschwerpunkte:** anschaulich originell verspielt	**Verschiedene Perspektiven** *„Aus Sicht von … Aus Sicht von … Aus Sicht von …“* **Vor Augen stellen – Evidentia** Auch wenn Geschehen in der Vergangenheit oder in der Zukunft spielt: im Präsens und in kurzen Sätzen erzählen *München 2020. Ein Vormittag im Januar. Ein Großraumbüro. Beschwingt und heiter die Stimmung …* **Originelle Metaphern und Vergleiche** *Ein Denkstil wie eine Popcornmaschine* **Paradoxon** *Scheinbarer Widerspruch: schillernde Bescheidenheit* **Spielereien mit Worten; Wortneuschöpfungen** *Leidenschaft – Leiden schafft; merkeln* (von Angela Merkel) **Klimax (Steigerung)** Im Kleinen … Im Mittleren … Im Großen … *Wir setzen Ihre Ideen, Ihre Konzepte, Ihre Philosophie erfrischend unkonventionell um* **Rhetorische Fragen** Regen das Mitdenken an: *Was sind denn unsere langfristigen Ziele? Wollen wir die Trends bestimmen? Wollen wir die Nase vorn haben?* **Spannung erzeugen** *Gegen Ende meiner Ankündigungen werde ich Ihnen verraten, … Sie sind sicherlich gespannt, wie wir das lösen möchten …*

Benutzen Sie rhetorische Wirkfiguren, um Ihre zentralen Botschaften zu transportieren. Erinnern Sie sich, an welchen Redestil Ihre Kernbotschaft samt Überzeugungsmittel gerichtet ist, und suchen Sie die passende Feinabstimmungstabelle. Stimmen Sie mithilfe der Stilkriterien Ihr Rohmanuskript auf den dazugehörigen Redestil ab.

Profi-Tipp

Rhetorische Figuren sind ein sehr wichtiges Element, um herausragende Präsentationen zu erzeugen. Es handelt sich um jahrhundertealte bewährte Wirkstrategien.

Eine vollständige Darstellung ist an dieser Stelle aus didaktischen Gründen nicht sinnvoll. Eine ausführliche Anleitung, wie Sie mit rhetorischen Wirkfiguren arbeiten, finden Sie in der separat erhältlichen Arbeitsunterlage zu diesem Buch: „Speak Limbic – Überzeugungsmittel, Formulierungen und Methoden um alle anzusprechen“.

7. Schritt: Gelungene Inszenierung – passende Veranstaltungsdramaturgie

Sie haben es geschafft. Ihr Manuskript ist fertig. Was Ihrer Präsentation jetzt noch fehlt, sind:

- **Visualisierungen** – sie vereinfachen komplexe Zusammenhänge, verstärken den emotionalen Gehalt Ihrer Botschaften und helfen die Inhalte im Gedächtnis Ihrer Teilnehmer zu verankern.
- **Interaktionen** – sie öffnen den Monolog einer Präsentation hin zum Dialog. Sie machen Ihre Präsentation interessanter und lebendiger.
- **Aktionen** – sie sprechen nicht nur Auge und Ohr Ihrer Teilnehmer an, sondern auch das Fühlen und das Spüren (Kinästhetik).
- Bewusster Einsatz von **Körpersprache und Stimme** – sie entscheidet über die emotionalen Schattierungen und somit darüber, welche Stimmung Sie erzeugen.
- **Dramaturgie** – sie bestimmt, in welchem Kontext und in welchem Ambiente Ihre Präsentation stattfindet.

Warum inszenieren?

Menschen lernen auf unterschiedliche Art und Weise und brauchen unterschiedliche didaktische Methoden, um Themen zu verstehen und im Gedächtnis zu behalten. In den vorigen Schritten haben Sie argumentativ begründet, warum es sich für Ihre Teilnehmer lohnt, in Ihrem Sinne zu denken oder zu handeln. Jetzt können Sie dafür sorgen, dass Sie dieses argumentative Gerüst didaktisch so inszenieren, dass es den unterschiedlichen Teilnehmertypen unmittelbar einleuchtet und im Gedächtnis verankert bleibt. Auch hier entscheiden die Präferenzen Ihrer Zuhörer über die Auswahl der geeigneten didaktischen Mittel. Manche Menschen lernen eher, wenn sie etwas hören, andere wenn sie es sehen und wieder andere müssen es selber tun. Außerdem stellen Sie so sicher, dass sich Ihr Publikum nicht langweilt und dass Ihre Präsentation überzeugt!

Typgerechte Didaktik: Nur was verstanden wird, kann überzeugen

Ned Herrmann war Leiter der Führungskräfteschulung bei General Electric in den USA. In dieser Funktion konzipierte und evaluierte er Seminare und Workshops. Dabei stellte er fest, dass von ein und derselben Schulungsmaßnahme manche Teilnehmer begeistert waren, während andere sich beklagten, die Schulung hätte ihnen gar nichts gebracht.

Er erkannte, dass Menschen nicht nur unterschiedliche Denkstile haben, sondern auch unterschiedliche Lernstile. Sein Buch „Kreativität und Kompetenz“ (Herrmann: 1991) spiegelt seine profunden Kenntnisse über menschliches Lernen wider. Deshalb beziehe ich mich in diesem Abschnitt auf sein Modell.

Abbildung 12: Didaktische Präferenzen

Wie lernen Sie am besten?

Übertragen wir diese Diversifizierung auf die Situation beim Präsentieren: Auch Sie wollen, dass Ihre Botschaft leicht verstanden wird, unmittelbar einleuchtet und behalten wird. Denn das sind die notwendigen Bedingungen, damit Sie überzeugen. Sie haben in den vorherigen Schritten die Botschaft auf Ihr Auditorium abgestimmt. Jetzt überlegen wir, auf welchem Kanal die Botschaft in das Gehirn der Empfänger gesendet wird! Hier spielen unsere Sinneskanäle eine große Rolle, denn nur über sie kann die Botschaft von Ihnen zu Ihren Teilnehmern übertragen werden. Nur über die Sinnesorgane gelangen Ihre Botschaften an den Ort, an dem sie wirken sollen, ins Gehirn Ihrer Teilnehmer.

Es gibt

- den visuellen Kanal (sehen/innere Bilder anregen).
- den auditiven Kanal (hören/selber sprechen/inneren Dialog anregen).
- den kinästhetischen Kanal (fühlen/spüren/tun/bewegen/riechen/schmecken – innere Gefühle anregen und hochsteigen lassen).

Senden Sie die Botschaft auf dem richtigen Kanal!

Reflexion

Wie lernen Sie am besten? Wie bringen Sie anderen Menschen am liebsten etwas bei? Welche Kanäle haben Sie bisher hauptsächlich bei Ihren Präsentationen genutzt?

Die folgenden Inszenierungsschwerpunkte berücksichtigen die unterschiedlichen Lernpräferenzen:

- Visualisierung: Lernen über Bilder
- Interaktion: Lernen über Selbersprechen
- Aktionen: Lernen über Fühlen, Spüren, Bewegung
- Körpersprache: Lernen über Sehen/Fühlen
- Stimme: Lernen über Hören
- Dramaturgie: alle Sinne ansprechen

Sie erfahren in den einzelnen Abschnitten, wie Sie welche didaktische Methode für die unterschiedlichen Redestile anwenden. Diese Abschnitte sind nicht nur für Präsentierende wichtig, sondern auch für alle Menschen besonders wertvoll, die anderen etwas beibringen dürfen: zum Beispiel Lehrer, Trainer, Professoren, Meister, Führungskräfte. Vielleicht verstehen Sie jetzt auch besser, warum Sie in der Schule bei manchen Lehrern gerne und gut lernten und bei anderen nicht.

Profi-Tipp

Die allgemeinen Regeln für dieses Kapitel: Inszenierungen folgen keinem ästhetischen Selbstzweck. Inszenierungen richten sich nach den didaktischen Präferenzen Ihrer Zielgruppe. Jede Inszenierung macht Sinn! Jede Inszenierung ist Teil des Überzeugungsprozesses.

Visualisierungen mit Sinn und Emotion

Was wird visualisiert?

Es gilt der Grundsatz: „Ein Bild sagt mehr als tausend Worte.“ Überall dort, wo ein Bild auf einen Blick etwas aussagt, was Sie sonst umständlich erklären müssten, eignet sich eine Visualisierung. Und dort, wo Sprache aufhört: bei den Emotionen.

- **Komplexe Zusammenhänge**

Komplexe Zusammenhänge sollten sich auf einen Blick über ein Bild erschließen. Hierzu eigenen sich Strukturbilder, Ablaufdiagramme, Tabellen, Organigramme, Abbildungen, Skizzen, Zeichnungen usw. Viele wertvolle Anregungen hierzu finden Sie auf über 200 Seiten in Emil Hierholds Standardwerk „Sicher präsentieren – wirksamer vortragen“ (Hierhold: 2005).

- **Emotionen (emotionaler Gehalt der Kernbotschaften)**

Da Bilder einen sehr hohen emotionalen Gehalt haben – denken Sie nur an die Spendenaufrufe mit traurigen oder lächelnden Kinderfotos –, werden Sie eingesetzt, um den emotionalen Gehalt der Kernbotschaften

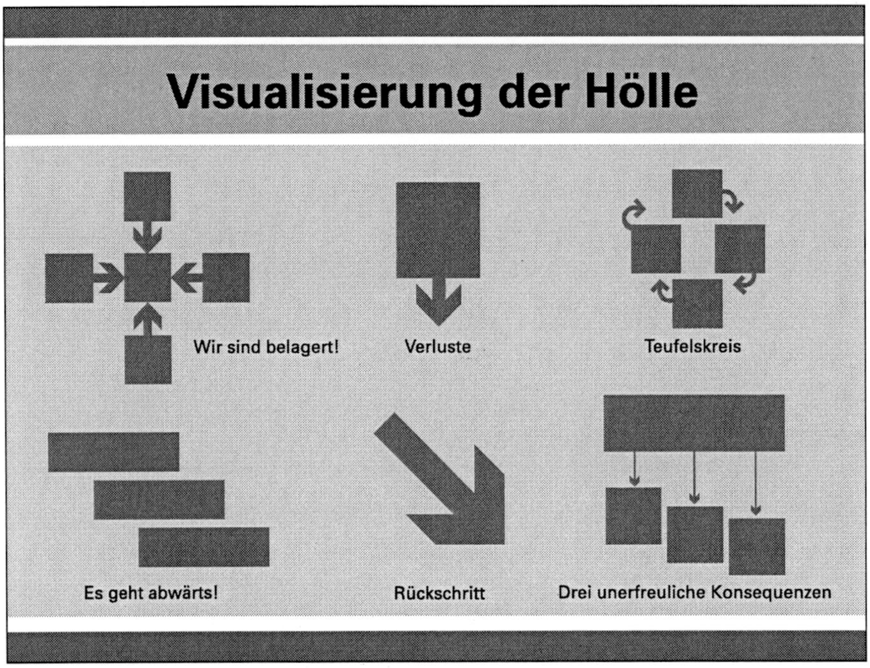

Abbildung 13: Abwärts und bedrohlich

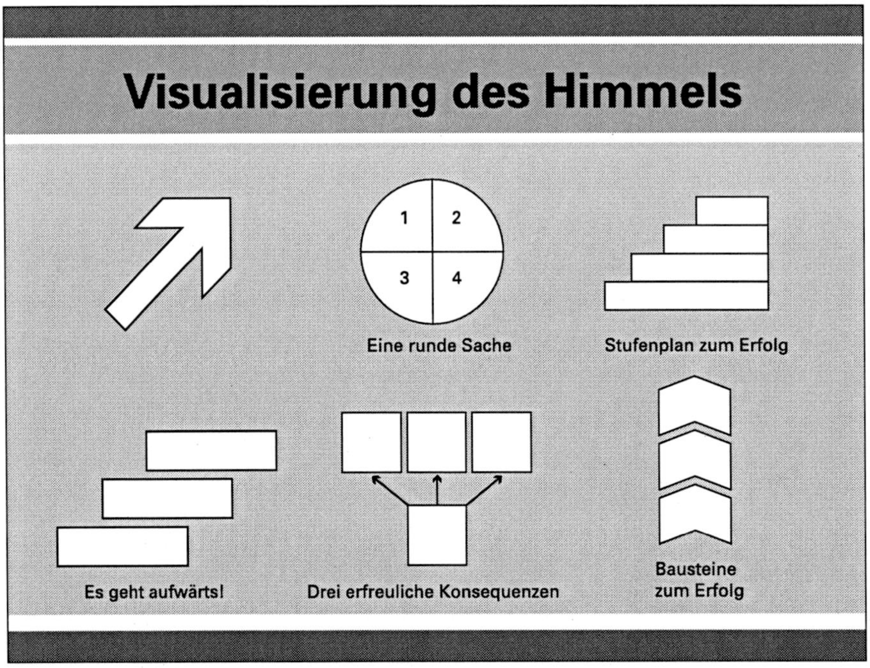

Abbildung 14: Aufwärts und erfreulich

zu visualisieren. Sie lassen sich ebenso wie Sprache „pro“ und „contra“ einsetzen, für „Vorteile“ und „Nachteile“, für „Himmel“ und „Hölle“. Alle Gestaltungselemente richten sich auch hier wieder nach den limbischen Codierungen Ihrer Zielgruppe.

Beispiele:
Kernbotschaft:
Vorsprung durch Präzisionstechnik
Bild: Da es „Präzision“ als Inhalt hat, sollte die Form ebenfalls „Präzision“ ausdrücken. Das geht nur mit professionellen Fotos und Charts (gleicher Standard wie professioneller Fotograf), mit abgestimmten Farben (gleicher Standard wie Werbeagentur); der Inhalt „Vorsprung“ könnte emotional visualisiert werden: erfolgreicher Mensch in urbaner Highend-Business-Landschaft; der Inhalt „Technik“: kühle Farben, gerade Schnitte, wenig Schnörkel etc.

Kernbotschaft: Wohlfühlen
Bild: lächelnder Mensch, warme und weiche Farben etc.
Sie erreichen aber die emotionale Wirkung nicht nur über Fotos, sondern auch über die emotionale Anordnung grafischer Elemente. Abbildung 13 und 14 demonstrieren, wie Sie mit grafischen Elementen emotionale Wirkungen erzeugen. (erweitert nach Hierhold: 2005).

Für die meisten meiner Teilnehmer in Business-Präsentationskursen bedeutet Visualisierung automatisch „PowerPoint“. Es gibt jedoch noch viele andere Möglichkeiten der Visualisierung:

- Spontane Skizzen auf dem Flip-Chart
- Vorbereitete Blätter für den Flip-Chart
- Tischflipcharts
- Tafelaufschriebe und Skizzen; Multi-Media-Boards
- Objekte auf einem Overheadprojektor
- Fernseher; Video
- Fotos; Plakate
- Gestaltete Moderationswände (zum Beispiel Text auf Kärtchen plus laminierte Cliparts)
- Unterlagen für Teilnehmer
- Körpersprache: etwas zeigen, etwas vormachen (zum Beispiel Hand drehen bei Wendeltreppe)
- Modelle; Objekte; Produkte
- Besichtigungen (Präsentation vor Ort halten; Stationen-Präsentation)
- Innere Bilder erzeugen: Stellen Sie sich vor …
- Innere Bilder erzeugen: Metaphern, Vergleiche

Johannes ist Sozialarbeiter. Er arbeitet in einer karitativen Nonprofit-Organisation und sammelt Spenden für Not leidende Menschen. Seine Präsentation beginnt folgendermaßen: Johannes wartet, bis völlige Stille herrscht. Wenn alle ganz ruhig sind, schaltet er den Overhead-Projektor (OHP) ein. Außer einer hell erleuchteten Leinwand ist nichts zu sehen. Dann wirft er einige Euro- und Centmünzen auf den OHP und sagt dazu: „Das, sehr geehrte Damen und Herren, ist das Monatseinkommen einer sechsköpfigen Familie in Uganda.“ Danach macht Johannes eine Pause und lässt die Stille wirken.

Vorgehensweise: Visualisierung einer Präsentation

1. Erst die Strategie

Bevor Sie mit der endgültigen Gestaltung Ihrer Visualisierungen beginnen, ist es wichtig, über die Strategie nachzudenken:

- Welche komplexen Zusammenhänge wollen Sie visualisieren?

- Wer braucht visuelle Überzeugungsmittel? Das heißt: Wo können Sie Bilder als Argumente einsetzen? Ihre Teilnehmer können sehen, dass Ihre These (Kernbotschaft) stimmt.

- Welche Überzeugungsmittel wollen Sie visualisieren?

- Welcher Redestil schätzt welche Visualisierungen?
  - Der logische Redestil: zum Beispiel Tabellen; Zahlengrafiken; Funktionsdarstellungen
  - Der strukturierte Redestil: zum Beispiel Abläufe; Struktogramme; Organigramme
  - Der gefühlvolle Redestil: zum Beispiel Bilder von Menschen; humorvolle Bilder
  - Der experimentelle Redestil: zum Beispiel Überblicksdarstellungen; ästhetisch ansprechende Bilder; visualisierte Analogien

- Welche emotionalen Aussagen Ihrer Kernbotschaften können Sie über Bilder emotional verstärken?

2. Dann das Konzept

Skribbeln Sie Ihr Konzept. Benutzen Sie hierzu die oberen leeren Bereiche der Notizenseiten Ihres Manuskriptes und einen Bleistift. Wählen Sie das passende Medium.

Beispiele:

- *Flip-Chart: wirkt dynamisch und auflockernd, vor allem wenn Sie spontan zeichnen*
- *Tisch-Flip: schafft Nähe; funktioniert auch wenn Technik versagt (zum Beispiel Stromausfall, kein Beamer) oder wenn Ihre Teilnehmer keine Beamerpräsentation wünschen*
- *Moderationswand: wirkt strukturiert und ordentlich*
- *Plakate: wirken professionell und verankern Botschaft im Gedächtnis*
- *PowerPoint: wirkt professionell; kann Abläufe animieren; kann ins Internet*

Es gibt Medien, mit denen Sie Ihre Botschaften für die gesamte Dauer der Präsentation visualisieren. Das sind zum Beispiel Flip-Charts, Plakate, Moderationswände. Die eignen sich für die Botschaften, die **permanent** sichtbar sein sollen, zum Beispiel Tagesordnungspunkte oder sehr wichtige Zusammenhänge. Dann gibt es flüchtige Medien wie zum Beispiel Beamer, Overheadprojektor. Diese zeigen Ihre Botschaft nur für kurze Dauer (ohne zu stören). Beachten Sie auch hier: Was sollten Sie permanent sichtbar visualisieren und was nicht?

3. Zum Schluss die Ausgestaltung

Dann erst gestalten Sie die endgültigen Anschauungsmittel so, wie Ihre Teilnehmer sie sehen werden. Wählen Sie ein **einheitliches Design pro Kernbotschaft** – schließlich schätzen unterschiedliche limbische Codierungen auch unterschiedliche Formen und Farben (Häusel: 2004, Seite 179 f.).

Designpräferenzen (erweitert nach Häusel):

Design für den logischen Redestil: „Form follows function“

- Klare geometrische Formen, auf die Funktion reduziert
- Keine Abweichung von der Minimalform (keine Schnörkel)
- Mit einem Ausdruck von Kraft und Stärke
- Farben: rot/schwarz/blau/grau/matt glänzendes Metall
- Wenige, aufeinander abgestimmte Farben
- Fotos: Bilder, die sein limbisches Emotions- und Wertesystem spiegeln (Stärke, Urbanität, Status)

Design für den strukturierten Redestil: „Tradition und Konvention“

- Gewohnte Farb- und Formenwelt
- Das, was gerade modern ist
- Farben: grün/braun/gedämpft/was gerade in ist – aber nicht flippig
- Solide Materialien
- Klassisch-gediegen-stilvoll
- Einfach-praktisch-schlicht
- Fotos: Bilder, die sein limbisches Emotions- und Wertesystem spiegeln (zum Beispiel Bilder von Details, die Sorgfalt und Sicherheit ausdrücken; Fotos von allen Generationen, zum Beispiel der Gründer mit dem Enkel auf dem Schoß; vorher Hölle – nachher Himmel-Fotos)

Design für den gefühlvollen Redestil: „Wärme und Menschlichkeit“

- Weichere, rundere, verspieltere Formen
- Warme Farben
- Naturholz; Naturmaterialien
- Kleine verspielte Accessoires
- Wohlproportioniertes; harmonische Formen und Maße
- Stilvoll schön; geschmackvoll; ansprechend
- Fotos: Bilder, die sein limbisches Emotions- und Wertesystem spiegeln (mit sympathischen Menschen, das ganze Team, Kinder, Natur, Humor)

Design für den experimentellen Redestil: „ Anders als die anderen!“

- Farben, Formen, Stile kreativ mixen
- Individualität, Einzigartigkeit
- Neue Trends; Außergewöhnliches; noch nie Dagewesenes
- Laute, starke, ausgefallene Formen
- Farben: spezielle Kombinationen, eher schrill
- Fotos: Bilder, die sein limbisches Emotions- und Wertesystem spiegeln (originelle Motive; eigenwillige Schnitte; ausgefallene Perspektiven)

Wichtig: Wechseln Sie nicht innerhalb einer Kernbotschaft das Design. Wählen Sie zum Beispiel entweder Clip-Arts oder Fotos aus.

Wenn Sie sich für Fotos entscheiden, dann nur aus einer Serie.

PowerPoint ganzheitlich, zweckmäßig und überzeugend einsetzen

PowerPoint ist ein Computerprogramm mit der Funktion, Ihnen die Arbeit zu erleichtern. PowerPoint soll Sie unterstützen und nicht Ihnen die Show stehlen. Sie haben es dann richtig eingesetzt, wenn niemand darüber spricht! Wenn es wie selbstverständlich seinen Platz in Ihrer Gesamtinszenierung einnimmt, sie jedoch nicht dominiert. Wenn ich von ganzheitlicher PowerPoint-Anwendung spreche, meine ich das Zusammenspiel der vier Ansichten: Normal (Folien: Visualisierung); Foliensortierung (Struktur und Gliederung), Notizenseiten (Manuskript) und Bildschirmpräsentation (Live-Auftritt). (Atkinson: 2005). Außerdem stehen Ihnen beim Ausdrucken noch die Optionen Handzettel und Gliederungsansicht zur Verfügung. Ebenfalls ganzheitlich ist das Zusammenspiel mit anderen Office-Programmen – so können Sie ganz einfach Zahlen aus Excel-Tabellen oder Texte aus Word-Dokumenten importieren. Über das Internet sind Sie mit Datenbanken, Fotodiensten und natürlich Millionen anderen Computern vernetzt. Sie können Ihre Präsentation einfach und leicht verschicken, auf Ihre Homepage stellen oder als Unterlagen für Ihre Teilnehmer ausdrucken. Sie können mit Ihrem Team gemeinsam an einer Präsentation arbeiten, schnell und einfach Änderungen durchführen und Teile davon in zukünftige Präsentationen mühelos einfügen.

Sie haben während der Vorbereitung Ihrer Präsentation schon Bekanntschaft mit dieser ganzheitlichen PowerPoint-Methode gemacht, als Sie Ihr Manuskript auf den Notizenseiten herstellten.

Multimedia-Learning: Wissenschaftliche Erkenntnisse

Jetzt erhalten Sie noch die wichtigsten Regeln zur Gestaltung von PowerPoint-Folien. Ich beziehe mich auf neueste wissenschaftliche Erkenntnisse (Atkinson/Mayer: 2004), die meine praktischen Erfahrungen mit PowerPoint bestätigen. Richard E. Mayer ist Professor an der University of California und erforscht seit 1975, wie Lernen mit Multimedia am besten funktioniert (Mayer 2001). Hier seine wichtigsten Erkenntnisse, die er mit Atkinson zusammen auf PowerPoint übertragen hat (siehe Kasten Seite 83).

Lassen Sie uns nun die Ergebnisse der Wissenschaft für Ihre Präsentation nutzen:

1. Das Kohärenzprinzip

Menschen lernen besser, wenn alle irrelevanten Informationen weggelassen werden.

Das bedeutet für Ihre Präsentation:

- Leerer weißer Folienmaster
- Leerer Folienhintergrund, kein Logo, kein Datum, kein Textlayout. Nichts, außer einem Platzhalter für Titel und einem Platzhalter für Visualisierungen

- Einfache Schriften, keine Schnörkel – das heißt serifenlose Schriften.

Vorteile für das limbische Präsentationskonzept:
Der Master enthält wenig Design – passt so als Grundlage für jeden Redestil.

2. Das Multimediaprinzip
Menschen lernen besser über eine Kombination von Text und Bild als über Text allein.

Das bedeutet für Ihre Präsentation:
Suchen Sie Bilder und Metaphern, die Ihren Text unterstützen.

3. Das Redundanzprinzip
Menschen lernen besser, wenn der Text nur gesprochen wird und nicht gesprochen und gleichzeitig von der Projektionsfläche abgelesen werden muss.

Das bedeutet für Ihre Präsentation:
Texte gehören nicht auf Folien, sondern auf Ihr Manuskript. Visualisiert werden nur Bilder und Grafiken. Der Text wird von Ihnen synchron zur Visualisierung gesprochen.

4. Das Signalisierungsprinzip
Menschen lernen besser, wenn Informationen mithilfe klarer inhaltlicher Gliederungen und aussagekräftiger Überschriften präsentiert werden.

Das bedeutet für Ihre Präsentation:
Geben Sie Ihren Folien aussagekräftige Titel, so als ob sie die Überschrift eines Zeitungsartikels wären. Also statt: „Das Problem“ besser „Die Pharmaindustrie durchquert heute ein Meer an Veränderungen“.

Die Atkinson/Mayer-Regeln für PowerPoint

1. Das Kohärenzprinzip
Menschen lernen besser, wenn alle irrelevanten Informationen weggelassen werden.

2. Das Multimediaprinzip
Menschen lernen besser über eine Kombination von Text und Bild als über Text allein.

3. Das Redundanzprinzip
Menschen lernen besser, wenn der Text nur gesprochen wird und nicht gesprochen und gleichzeitig von der Projektionsfläche abgelesen werden muss.

4. Das Signalisierungsprinzip
Menschen lernen besser, wenn Informationen mithilfe klarer inhaltlicher Gliederungen und aussagekräftiger Überschriften präsentiert werden.

5. Das Segmentierungsprinzip
Menschen lernen besser, wenn Informationen portionsweise präsentiert werden.

6. Das Modalitätsprinzip
Menschen lernen besser durch eine Kombination aus Animation und Gesprochenem als durch eine Kombination von Animation und geschriebenem Text auf der Folie.

5. Das Segmentierungsprinzip
Menschen lernen besser, wenn Informationen portionsweise präsentiert werden.

Das bedeutet für Ihre Präsentation:
Überladen Sie Ihre Folien nicht. Pro Folie nur eine Information. Überprüfen Sie immer wieder in der Ansicht „Gliederung“, ob Ihre Präsentation in mundgerechte Häppchen portioniert ist. Lieber eine Folie mehr einbauen als Folien überladen.

6. Das Modalitätsprinzip
Menschen lernen besser durch eine Kombination aus Animation und Gesprochenem als durch eine Kombination von Animation und geschriebenem Text auf der Folie.

Das bedeutet für Ihre Präsentation:
Animationen veranschaulichen Ihren Text. Sie werden nicht spielerisch eingesetzt. Jedes einzelne visuelle Element, das animiert auf der Folie auftaucht, wird von Ihnen kommentiert. Wenn zum Beispiel drei Pfeile nacheinander erscheinen, da sie drei Phasen darstellen, dann zeigen Sie nur die Pfeile und erklären deren Bedeutung mündlich. Animation und Erklärung werden synchron präsentiert und nicht sukzessive.

Abschied von „Bullet-Charts“

Zurzeit nimmt die Präsentationswelt Abschied von den langweiligen Aufzählungsfolien, den so genannten Bullet-Charts (weil die Aufzählungszeichen aussehen wie die Einschusslöcher von Gewehrkugeln – bullet bedeutet englisch Einschussloch). Die zusammenhanglose Visualisierung von Satzfragmenten ist out! Sie sprechen keinen einzigen limbischen Typ wirklich an. Kein Redestil braucht visualisierte Textsplitter.

Ich weiß aus meinen Trainings, dass „Bullet-Charts“ beliebt sind. Weil sie schnell zu produzieren sind. Sie öffnen PowerPoint und zählen in Stichworten alles auf und gliedern es ein wenig. Das geht schnell und ist einfach – und ist deshalb so verlockend. Solange Ihre Mitbewerber auch so präsentieren und Ihre Teilnehmer nur diesen Standard kennen, können Sie so weitermachen ohne große Verluste, denn im freien Wettbewerb reicht es, wenn man nur ein bisschen besser ist als der Mitbewerber oder der Meinungsgegner. Wichtig ist, dass Kosten und Nutzen in einer ausgewogenen Relation sind. Wenn Sie zum Beispiel Ihr Produkt auf einer Messe vorstellen, dann empfiehlt es sich, mit professionellen Bildagenturen zusammenzuarbeiten oder sogar mit einer Werbeagentur. Wenn Sie vor Kunden präsentieren, lohnt es sich, mit der hauseigenen Marketingabteilung Kontakt aufzunehmen. Wenn Sie eine Präsentation oft präsentieren werden, lohnt es sich, in professionelles Material zu investieren. Wenn Sie jedoch schnell vor Ihrem Team den Status Ihres Projekts präsentieren, dann ist es viel wichtiger, effektiv zu arbeiten und schnell Ergebnisse zusammenzustellen. Wägen Sie ab und entscheiden Sie, wo auf der Skala zwischen Effektivität und Professionalität Ihre Präsentation liegen soll. Noch eine pragmatische Empfehlung: Sie müssen die Textfolien nicht von heute auf morgen aus Ihrem Repertoire entfernen. Das würde zu Überforderungen auf allen betrieblichen

Ebenen führen. Suchen Sie nach und nach andere Überzeugungsmittel, wechseln Sie nach und nach Textfolien gegen andere Inszenierungen aus. Wählen Sie das Tempo aus, das Ihnen und Ihrer Branche entspricht.

Vorsprung mit gehirn*typ*gerechten Präsentationen

Da sich in letzter Zeit viele Foren, Experten und sogar Microsoft (Atkinson: 2005) kritisch zu einseitigen PowerPoint-Aufzählungspräsentationen geäußert haben, wird es immer mehr Unternehmen und Präsentierende geben, die ganzheitlicher präsentieren werden. Das bedeutet für Sie: Schaffen Sie sich heute schon Vorsprung gegenüber denjenigen, die noch nicht gehirntypgerecht präsentieren. Mit dem Limbischen Kommunikationsmodell sind Sie dem Wettbewerb um viele Schritte voraus.

Checkliste zur Visualisierung Ihrer Botschaften

Öffnen Sie Ihr fertiges Manuskript (Notizenseiten von PowerPoint). Drucken Sie die Notizenseiten aus. Der obere Folienbereich sollte leer sein. Holen Sie sich einen gelben Textmarker, einen Bleistift und eventuell Buntstifte (Gelb ist willkürlich gewählt. Sie brauchen später noch zwei andere Farben, um „Interaktion“, „Aktion“ zu markieren).

1. Visualisierungsstrategie festlegen

- Was möchten Sie permanent sichtbar visualisieren?
- Welche komplexen Zusammenhänge wollen Sie visualisieren? (Markieren Sie sie mit gelbem Textmarker im Manuskript)
- Welche Botschaften wollen Sie visualisieren? (Markieren Sie sie gelb im Manuskript)
- Welche emotionale Aussage Ihrer Kernbotschaften können Sie über Bilder emotional verstärken? (Markieren Sie sie gelb im Manuskript)
- Welche Teilnehmer brauchen visuelle Argumente (Sehen als Überzeugungsmittel)?
- Stimmen Sie das Visualisierungskonzept auf die Präferenzen Ihrer Teilnehmer ab.

2. Skribbeln Sie Ihr Konzept

Benutzen Sie hierzu die oberen leeren Bereiche Ihres Manuskriptes und einen Bleistift, eventuell Buntstifte.

- Wählen Sie das passende Medium.
- Skizzieren Sie den visuellen Entwurf mit Bleistift.

3. Gestalten Sie die endgültigen Anschauungsmittel

Wählen Sie ein einheitliches Design pro Kernbotschaft. An dieser Stelle empfiehlt sich für **wichtige** Präsentationen die Zusammenarbeit mit Werbeagenturen, Fotografen, Grafikern oder professionellen Bildagenturen.

4. Beachten Sie die Atkinson/Mayer-Regeln für PowerPoint

Profi-Tipp

Die Dramaturgie Ihrer Präsentation sollte auch dann funktionieren, wenn die Technik versagt. Was tun Sie bei Stromausfall? Oder wenn keine Ersatzlampe für den Beamer aufzufinden ist?

Folgende Absicherungen können Sie einbauen:

- Drucken Sie Ihr Manuskript oder Teile davon als Unterlagen für Ihre Teilnehmer aus.
- Drucken Sie die Visualisierungen auf Overhead-Folien aus. Einen Overheadprojektor finden Sie fast immer.
- Drucken Sie Ihre Folien auf Papier und bestücken Sie einen Tisch-Flipchart damit.

Interaktionen – nutzen Sie die Kraft des Samenkorns

Erinnern Sie sich an die Ergebnisse der Studie von Forsa zur Wirkung von Präsentationen von Seite 39? Nein – dann hier noch einmal die Ergebnisse: 200 Führungskräfte auf Kundenseite wurden gefragt, was sie von den Präsentationen ihrer derzeitigen oder potentiellen Lieferanten halten. 77 Prozent antworteten, dass es ihnen sehr wichtig sei, aktiv in die Präsentation eingebunden zu werden. Die monologische Vortragssituation, die bis in die späten 60er Jahre die Rhetorik dominiert hat, öffnet sich in unserer Zeit mit partnerschaftlich-kooperativen Idealen immer weiter dem Dialog. Aber: Diese Öffnung sollte perfekt geplant werden. Sie bestimmen, wann, wozu und wie Sie interaktive Elemente einsetzen. Denn auch die Interaktionen haben vor allem die eine Aufgabe: einen Beitrag zum Überzeugen und somit zum Erreichen Ihres Zieles zu liefern. Ihre Präsentation öffnet sich hier für Methoden, die Sie aus Workshops und Trainings kennen.

Einige Möglichkeiten der Interaktion innerhalb der limbischen Problemlöseformel stelle ich Ihnen als Anregung vor:

- Für die Einleitung:

Vorstellungsrunden; Abfragen der Erwartungen (strukturierter Redestil) von Zielen (logischer und experimenteller Redestil) oder von Wünschen (gefühlvoller Redestil) – Visualisierung auf dem Flipchart

- Für die Problemphase:

Experimentelle Teilnehmer selbst das Problem schildern lassen: *Wie erleben Sie die Situation? Welche Ursachen sehen Sie?* Strukturierte Teilnehmer nach den negativen Konsequenzen befragen: *Was passiert, wenn wir so weitermachen?* Logische Teilnehmer nach Beweisen und Belegen suchen lassen: *Wo lässt sich das festmachen?* Gefühlvolle Teilnehmer nach den emotionalen Konsequenzen fragen: *Wie wird es uns gehen, wenn wir so weitermachen?*

- Für die Vergewisserung:

Stimmen Sie mir da zu? Sehen Sie das Problem genau so? Erleben Sie das ähnlich? etc.

- Für die Zielphase:

Experimentelle Teilnehmer: *Wie könnte es idealerweise aussehen?* Strukturierte Teilnehmer: *Was haben wir davon?* Logische Teilnehmer: *Was spricht dafür? Was dagegen?* Gefühlvolle Teilnehmer: *Wie werden Sie sich fühlen, wenn ...?*

- In der Lösungsphase:

Experimentelle Teilnehmer: *Welche Möglichkeiten sehen Sie?* Logische Teilnehmer: *Welche Vor- und welche Nachteile gibt es? Welche Kriterien der Auswahl?* Strukturierte Teilnehmer: *Wie können wir das umsetzen? Wer macht was bis wann und wie?* Gefühlvolle Teilnehmer: *Wie geht es Ihnen mit der Lösung? Wo haben Sie ein gutes Gefühl?*

- Am Schluss:

Wenn Sie mit einer Flipchart-Abfrage der Erwartungen angefangen haben, dann haken Sie jetzt gemeinsam alle Kriterien ab, die Ihre Lösung erfüllt; Abstimmungen; Hand-hoch-Szenarien

Sparsamer, aber gezielter Einsatz

Benutzen Sie Interaktionen sparsam, aber gezielt. Vorteile von Interaktionen:

- Sie erreichen die Menschen, die selbst gerne sprechen.
- Sie erreichen die Menschen, die durch Selbersprechen am besten lernen.
- Die Teilnehmer werden hellwach.
- Menschen lassen sich leichter mit Argumenten überzeugen, auf die sie selbst gekommen sind. Diese Methode heißt Samenkornmethode, da der Präsentierende durch gezielte Fragen und Anstöße nur den Samen für die Argumentation in die Köpfe seiner Zuhörer legt.
- Sie erfahren mehr über die Werte, Probleme und Denkstile Ihrer Teilnehmer.
- Sie können Ihre Präsentation mit diesen Informationen feinjustieren.
- Ihre Präsentation wird allgemein abwechslungsreicher, interessanter und spannender.

Gefahren bei Interaktionen: Sie sind nicht perfekt vorbereitet und Ihnen entgleiten die Zügel. Zum Beispiel antworten die Teilnehmer kontraproduktiv für Ihre Zwecke oder äußern Erwartungen, die Sie nicht erfüllen können. Wenn Sie es sich noch nicht zutrauen, ein Geschehen loszulassen und gleichzeitig zu lenken, dann verzichten Sie lieber auf Interaktion. Es gibt kaum ein wirkungsvolleres Überzeugungsinstrument. Doch um es erfolgreich durchzuführen, brauchen Sie die perfekte Vorbereitung, Übung und Erfahrung. Für Anfänger geeignet: Fangen Sie mit einer einzelnen gut geplanten Interaktion an und steigern Sie sich langsam. Wenn Sie Präsentationen im Schulungskontext nutzen (Trainer, Führungskräfte etc.), dann können Sie alle Phasen der Problemlöseformel an die Teilnehmer delegieren – Sie führen dann nur mit Fragen durch den Prozess. Vorteil: Ihre Teilnehmer lernen durch Selberdenken mehr als durch passives Konsumieren.

Profi-Tipp

Quittieren Sie die Antworten Ihrer Teilnehmer immer positiv. „Richtig!", „Guter Aspekt!" usw. Damit erreichen Sie eine rege Beteiligung. Wiederholen Sie dann laut und deutlich die Antwort Ihrer Teilnehmer. So stellen Sie sicher, dass alles akustisch verstanden wird.

Holen Sie sich immer wieder Vergewisserungen von Ihren Teilnehmern ab: „Sehen Sie das auch so?", „Sind das auch Ihre Erfahrungen?" – so sichern Sie die Prämissen Ihrer Argumentation ab und überprüfen, ob die Richtung Ihrer Präsentation noch stimmt.

Checkliste für die Interaktionen Ihrer Präsentation

- Legen Sie fest, wo, wann und wie Sie Ihre Präsentation für Interaktionen mit Ihren Teilnehmern öffnen.

- Nehmen Sie Ihr ausgedrucktes Manuskript zur Hand und einen grünen Textmarker. Markieren Sie in Ihrem Manuskript die Stellen, an denen Sie eine Interaktion für sinnvoll halten.

- Benutzen Sie die oberen leeren Bereiche Ihrer Notizenseiten für Regieanweisungen:
  - den genauen Wortlaut der Frage, die Sie an Ihr Publikum stellen
  - die zeitlichen Angaben
  - die Medien, die Sie benötigen

Aktionen – bringen Sie Bewegung ins Spiel

Es gibt Menschen, die mögen es nicht, lange passiv ruhig zu sitzen und nur zu hören und zu sehen. Das sind vor allem die kinästhetischen gefühlvollen Teilnehmer. Sie lieben Bewegung, Rhythmus, das Spüren, das Fühlen, das Selbertun, die Haptik. Das sind auch die Menschen, die am meisten unter den langweiligen Folienschlachten leiden, da diese den kinästhetischen Lernkanal komplett ausschließen. Und das, obwohl es sehr viele Menschen gibt, die am besten lernen, wenn sie etwas selber tun dürfen. Und das, obwohl es viele Menschen gibt, die Kaufentscheidungen fällen, weil ihnen die Haptik eines Produktes zusagt.

Ideen und Anregungen

Aktionen lassen sich in verschiedene Kategorien aufteilen:

- Spüren = haptische Qualitäten spüren lassen
- Tun = Sie lassen Ihre Teilnehmer selber etwas tun (Tun als Überzeugungsmittel: Ihre Teilnehmer erleben, dass Ihre These stimmt)
- Bewegung: nicht als Überzeugungsmittel, sondern als belebendes Element (zum Beispiel aufstehen und nach vorn kommen lassen, um ein Objekt zu betrachten; den Raum wechseln)

Beispiele:

- *Lassen Sie Ihre Teilnehmer die haptische Beschaffenheit Ihrer Produkte, aber auch Ihrer Broschüren/Unterlagen spüren.*
- *Lassen Sie Ihre Teilnehmer zum Beispiel mit Ihrem Produkt, dem neuen Formular, das Sie durchsetzen möchten, oder der neuen Software arbeiten.*
- *Aktivieren Sie Ihre Teilnehmer aufzustehen und etwas anzuschauen.*
- *Lassen Sie Ihre Teilnehmer selbst etwas tun: ausfüllen, erleben.*
- *Lassen Sie Ihre Teilnehmer Zahlen raten, belohnen Sie mit Applaus.*
- *Bauen Sie Quizfragen, kleine Wettbewerbe in Ihre Präsentation ein.*
- *Belohnen Sie die Gewinner und die Verlierer mit einem gustatorischen Geschenk (Schokolade, Gummibärchen).*

- *Wenn möglich: Lassen Sie Ihre Teilnehmer Ihr Produkt riechen oder kosten.*
- *Besorgen Sie Getränke, Obst, Leckereien für die Pause.*
- *Geben Sie Ihren Teilnehmern einen Gedächtnisanker für zu Hause mit.*
- *Verteilen Sie Proben oder Geschenke.*

Checkliste für die Aktionen Ihrer Präsentation:

- Legen Sie fest, wo, wann und wie Sie Ihre Präsentation mit Aktionen abrunden. Fragen Sie sich, welche Funktion die Aktion haben soll, und lassen Sie sie eher weg, wenn Sie keinen Sinn für den Überzeugungsprozess hat.

- Nehmen Sie Ihr ausgedrucktes Manuskript zur Hand und einen roten Textmarker. Markieren Sie in Ihrem Manuskript die Stellen, an denen Sie eine Aktion für sinnvoll halten.

- Benutzen Sie die oberen leeren Bereiche Ihrer Notizenseiten für Regieanweisungen:
  - den genauen Ablauf: Wer? Was? Wann? Wie? (Warum?)
  - benötigtes Material
  - räumliche Besonderheiten

Mit der Körpersprache Stimmungen erzeugen

Meiner Erfahrung nach gibt es kein Thema, das in Rhetoriktrainings mehr polarisiert als das Thema Körpersprache. Denn hier geht es um den Wert „Authentizität“ und der wird von vielen Teilnehmern – auch von mir – sehr hoch gehalten. Ich erlebe immer wieder folgende Situation: Sobald ein Teilnehmer nach vorn geht um zu präsentieren, verlässt er sich selbst und mutiert zur Rolle „Präsentator“. Es ist, als ob er sich als Mensch auf dem Stuhl vergessen hätte und vorn wie eine Marionette von unsichtbaren Fäden gelenkt wird: hölzern, steif, unpersönlich. Oder ich erlebe, wenn ich mit hauptsächlich gefühlvollen Teilnehmern arbeite, genau das Gegenteil. Sie sind zu echt – das heißt, sie nehmen die exponierte Rolle zu wenig ernst und strahlen keine natürliche Autorität aus, um Gefolgschaft für ihre Idee zu erzeugen.

Es gibt keine richtige und es gibt keine falsche Körpersprache

Körpersprache wirkt nur dann, wenn sie authentisch erscheint. Das heißt nicht, dass sie „echt“ und „unverfälscht“ ist – das wirkt oft naiv, unglaubwürdig, unsicher, inkompetent, arrogant, steif, langweilig, frostig etc. Das heißt: Wir brauchen ein Feedback von außen, das uns spiegelt, wo wir mit unserer Körpersprache kontraproduktive Signale setzen. Dann brauchen wir Anregungen, wie wir es besser machen können. Und dann brauchen wir Gelegenheiten, um die neuen Regeln zu üben, um sie langsam in unsere Gesamtpersönlichkeit zu integrieren. Diesen Effekt erreichen Sie sehr effektiv in einem Seminar mit Video-Feedback. Hier können Sie schwarz auf weiß sehen, wie Sie wirken, wo Ihre Stärken sind und wo Sie sich verbessern können. Und wenn Sie sich in kleinen Schritten verändern und diese Veränderungen erst im privaten Kontext ausprobieren, dann wirken Sie echt und glaubwürdig im anspruchsvolleren Präsentationskontext. Wenn Sie das Limbische Kommunikationsmodell vor Augen haben, werden Sie erkennen: Es gibt keine richtige und es gibt keine falsche Körpersprache! Es gibt nur eine dem Thema, den Zuhörern und der Situation angemessene Körpersprache. Es kommt immer darauf an, was Sie erreichen wollen.

Die Sprache des Körpers ist die Sprache der Emotionen

Die Sprache des Körpers ist die Sprache der Emotionen! Das heißt: Mit Ihrem Körper und mit Ihrer Stimme bestimmen Sie, welche subtilen Schattierungen wie Ironie oder Humor Sie noch unter Ihren Text legen. Sie bestimmen, welche Stimmung Sie erzeugen möchten, welche Gefühle Sie darstellen und übertragen möchten. Der Neurobiologe Giacomo Rizzolatti von der Universität Parma entdeckte 1996 durch Zufall die Spiegelneuronen. Diese sind verantwortlich für unsere Empathie. Sie reagieren auf die Körpersprache anderer Menschen und lassen Simulationsprogramme ablaufen, die es dem Beobachter ermöglichen, unmittelbar mitzuerleben, was in den Köpfen anderer vor sich geht. Sie befähigen den Menschen, sich in andere Menschen hineinzuversetzen und Gefühle anderer mitzuerleben. Die Spiegelneuronen können erklären, wie Gefühle vom Präsentierenden auf die Teilnehmer übertragen werden: Gefühle werden vom Präsentierenden empfunden, mit seiner Körpersprache sichtbar gemacht und über die Spiegelneuronen von den Teilnehmern nachempfunden.

Experte, Macher, Mentor und Motivator

Ich möchte Ihnen an dieser Stelle vier emotionale Ausrichtungen Ihrer Präsentation vorstellen:

- Glaubwürdigkeit – kommen Sie in Kontakt mit dem „logischen Anteil“ in Ihnen
- Vertrauen – kommen Sie in Kontakt mit dem „strukturierten Anteil“ in Ihnen
- Sympathie – kommen Sie in Kontakt mit dem „gefühlvollen Anteil“ in Ihnen
- Begeisterung – kommen Sie in Kontakt mit dem „experimentellen Anteil“ in Ihnen

Zwei Regeln gelten für dieses System:

- Erzeugen Sie die Stimmung, die den dominierenden Werten und Denkstilen entgegenkommt (Glaubwürdigkeit vor logischen Teilnehmern, Sympathie vor gefühlvollen etc.)
- Erzeugen Sie die Stimmung, die der Phase Ihrer Problemlöseformel entspricht (zum Beispiel Hölle: Besorgnis; Himmel: Begeisterung; Überzeugungsmittel: Glaubwürdigkeit)

Jetzt kommen wir zu einem heiklen Thema. Sie erhalten Regeln, was Sie mit Ihrem Körper und Ihrer Stimme machen können, um gezielt Stimmungen zu erzeugen. Das kann schnell schief gehen und sehr aufgesetzt und unglaubwürdig oder manipulierend wirken. Dann erreichen Sie genau das Gegenteil und es wäre besser, bei Ihrer natürlichen Körpersprache zu bleiben. Mir ist es an dieser Stelle sehr wichtig zu betonen, dass Sie sich nicht verbiegen sollen. Sondern dass Sie bestimmte Facetten Ihrer Persönlichkeit mal mehr und mal weniger stark in den Vordergrund stellen. Dass Sie also an passender Stelle mit Ihren passenden inneren Anteilen in Kontakt kommen. Lassen Sie uns hierzu eine kleine Übung machen.

Reflexion

Schalten Sie auf Ihren visuellen experimentellen Denkstil um. Stellen Sie sich eine weiße Leinwand vor und sehen Sie sich beim Präsentieren zu (wenn Sie eher gefühlvoll sind: Stellen Sie die Anteile wie ein Schauspieler dar).

Wie sieht Ihr „logischer Anteil" aus?
Wie steht er da? Wo steht er? Mit welcher Stimme spricht er? Wie sieht seine Mimik aus? Wie bewegt er sich? Was sagt er? Was hat er an? Welche Medien benutzt er? Welcher Name, welche Rollenbezeichnung würde zu ihm passen?

____

____

Stellen Sie sich nun die gleichen Fragen noch einmal für Ihren „strukturierten Anteil", Ihren „gefühlvollen Anteil" und Ihren „experimentellen Anteil".

Folgende Rollenbezeichnungen habe ich ausgewählt: **Experte** für den logischen Anteil; **Macher** für den strukturierten Anteil; **Mentor** für den gefühlvollen Anteil und **Motivator** für den experimentellen Anteil. Der Experte ist ernst und glaubwürdig. Er strahlt natürliche Autorität aus und erzeugt Gefolgschaft. Der Macher ist pragmatisch, bodenständig und zupackend und erzeugt Vertrauen. Der Mentor ist persönlich und empathisch und erzeugt Sympathie und ein Gemeinschaftsgefühl. Der Motivator ist visionär und erhaben und erzeugt Begeisterung und Faszination. Sie alle senden mit Körper und Stimme unterschiedliche Zeichen. Einige charakteristische beschreibt die folgende Liste:

Der Experte – Glaubwürdigkeit steigern und Gefolgschaft erzeugen

Haltung
- Aufrecht, gerade, fest
- Selbstbewusstes Standing
- Schultern unten, hinten
- Aufrechter Kopf, 90 Grad zum Hals

Mimik
- Unbewegt, wenig Emotionen zeigen
- Wenig Lächeln, sachlich-ernst

Blick
- Offen, direkt, standhaltend
- Schmaler Blick; ruhige Augenbrauen

Gestik
- Im positiven Bereich (Körpermitte)
- Eher wenig, auf ein Ziel weisend, eindeutig
- Präzisierungsgestik (zum Beispiel Daumen, Zeige- und Mittelfinger zusammenführen)

Erscheinung
- Business-like, korrekt

Stimme

- Laut, fest
- Wenig moduliert
- Glaubwürdiges Muster: mit der Stimme am Satzende nach unten

Raumanker

- Eher hinten (Distanz); geeignet für Analyse, Zahlen, Fakten …

Der Macher – Pragmatismus ausstrahlen und Vertrauen steigern

Haltung

- Stand: ruhig, fest
- Beide Füße fest auf dem Boden, hüftbreit: bodenständig
- Eher wenig Bewegung

Mimik

- Problembewusst, Stirn in Falten (wie ein besorgter Vater)
- Eher ernst

Blick

- Besorgt, verständnisvoll

Gestik

- Strukturierend
- Eher zurückhaltend
- Handflächen sichtbar (Vertrauen)
- Detaillgesten: zum Beispiel Daumen und Zeigefinger zum O formen; Greifgesten; Faust

Erscheinung

- Dezenter klassischer Stil; sehr ordentlich
- Angemessen: regional/konventionell
- Umgangsformen kennen

Stimme

- Kontrolliert
- Wenig moduliert

Raumanker

- Abseits der „Bühne“ um Organisatorisches und Abläufe zu klären; Zentraler Raum für Problem (Hölle) und Lösungsphase

Der Mentor – Empathie und Sympathie steigern

Haltung

- Nach vorn Richtung Teilnehmer geneigt
- Nähe suchend

Mimik

- Mimik: beweglich, vor allem Augenbrauen (sprechende Augen)

Blick

- Wärme im Blick; weicher, defokussierter Blick
- Längerer Blickkontakt mit dem Einzelnen; ihn wirklich mit dem Herzen ansehen, liebevoll
- Senkt den Blick, schaut viel nach unten (die automatische Richtung der Augen, wenn wir uns an Gefühle erinnern)

Gestik

- Gebende Gestik (wie ein Geschenk überreichend)

- Umfassende Gestik (so als ob Sie alle Teilnehmer umarmen; alle ins Boot holen)
- Weiche, große Gestik

Erscheinung
- Kleidung: bequem, leger, farbenfroh

Stimme
- Gefühlsmäßige Einfärbung der Stimme
- Warme Stimme; moduliert, zugänglich
- Pausen machen, damit Gefühle Zeit haben zu wirken; eher langsam sprechen

Raumanker
- Vorn beim Publikum; eventuell sitzen; geeignet für persönliche Anmerkungen, Geschichten, Informelles

Der Motivator – Begeisterung und Faszination erzeugen

Haltung
- Lässig, antiautoritär, beschwingt
- Federnder Gang; leicht in die Knie gehen und wieder hochkommen beim Sprechen
- Wechselnde Positionen

Mimik
- Bewegliche Augenbrauen (Erstaunen)
- Bewegliche Mimik

Blick
- Leuchtend, nach oben (automatische Augenrichtung, wenn wir uns an Bilder erinnern oder Bilder konstruieren bei Visionen)
- Geöffnete, lebendige Augen

Gestik
- Schwungvoll, dynamisch
- Nach oben gerichtet; im oberen Bereich
- Große Gestik; raumgreifend

Erscheinung
- Charismatisch
- Kleidung: extravagant oder unangepasst

Stimme
- Moduliert, begeistert
- „Antiautoritär"
- Schlüsselworte markieren

Raumanker
- Das Zentrum; geeignet für Ziel (Himmel) und Abschluss

Raumanker: Räume bekommen Bedeutung

Als Präsentierender haben Sie verschiedene Rollen: über Ihr Thema aufzuklären, aufzurütteln, zu motivieren, für Disziplin zu sorgen, zu unterhalten. Geschickt ist es, diese Rollen räumlich zu trennen und unterschiedliche emotionale Zustände an unterschiedlichen Positionen im Raum zu verankern (James/Shepard: 2002, Seite 163 f.).

Vorteile der Raumanker:
- Ihre Zuhörer stellen sich unbewusst darauf ein und begeben sich unbewusst in den gewünschten Zustand, das heißt, Sie können bewusst die Zustände im Publikum steuern.
- Sie können elegant von einem Präsentationsteil in den anderen wechseln.

- Zum Schluss brauchen Sie zum Beispiel nur nach hinten rechts zu gehen und schon wissen Ihre Teilnehmer, dass jetzt Zahlen, Daten, Fakten dran sind, und aktivieren ihren logischen inneren Anteil.
- Außerdem halten Sie so Ihren Präsentationsplatz „giftfrei" und Ihre Teilnehmer können Hölle oder negative Botschaften leichter von Ihrer Person trennen.

Passen Sie das Schema Ihren Bedürfnissen und Gewohnheiten an. Am Anfang ist es ungewohnt, bald merken Sie die Entlastung durch das System.

Kleidung und Erscheinungsbild: Was tun bei heterogenen Gruppen?

Die Phasen der Problemlöseformel erlauben Ihnen alle emotionalen Zustände körpersprachlich auszudrücken und so alle Teilnehmertypen anzusprechen. Doch wie sieht es mit der Kleidung aus, wenn Sie vor heterogenen Gruppen sprechen – schließlich können Sie sich ja nicht während der Präsentation umziehen? Kleidung hat im Business-Kontext die Funktion, schnell Verbundenheit und Vertrauen herzustellen. Sie signalisiert: „Ich komme vom gleichen Stamm, ich bin dein Freund." Das ist auch der Grund, warum Geschäftsmänner auf der ganzen Welt ihr Einheitskostüm tragen – nichts soll den schnellen Geschäftsabschluss behindern. Senden Sie vor heterogenen Teilnehmern mit Ihrer Kleidung und Accessoires so wenige Signale wie möglich. Bewährt hat sich als „Whole-Brain-Stil":

- gepflegt-eleganter Business-Look, etwas abgeschwächt: zum Beispiel nicht weißes Hemd, sondern helles Pastell
- eventuell Rollkragenpulli unter Anzug oder hochwertiges T-Shirt
- Farbtupfer ja, aber eher zurückhaltend

Natürliche Körpersprache?

Wenn Sie mit Ihrem Auftritt keine Sicherheit und Glaubwürdigkeit ausstrahlen, dann wird es Ihren Teilnehmern schwer fallen, Ihrem Vorschlag zu folgen. Wenn nicht einmal Sie sich Ihrer Sache sicher sind, wer dann? Auch die Begeisterung für eine Idee/Sache drückt sich vor allem in der Stimme, Mimik und Gestik aus. Wenn Sie nicht begeistert sind von Ihrer Idee oder von Ihrer Lösung, warum sollen es dann Ihre Teilnehmer sein? Es lohnt sich, an der Persönlichkeit zu arbeiten! Zur Persönlichkeit gehören auch Erscheinungsbild, Körpersprache und Stimme, neben fachlicher Kompetenz, sozialer Kompetenz und persönlicher Integrität. Gleichzeitig gibt es nichts Unglaubwürdigeres als eine aufgesetzte, unpassende Körpersprache. Natürlichkeit und Spontaneität verzaubern die Menschen. Lösen Sie dieses Paradoxon, indem Sie schrittweise neue Verhaltensweisen in Ihre Gesamtpersönlichkeit integrieren. Ich empfehle meinen Teilnehmern in den Seminaren, sich drei kleine Schritte vorzunehmen und diese in unverfänglicheren Situationen zu üben.

Checkliste für den sinnvollen Einsatz von Körpersprache

- Legen Sie fest, welche Stimmung und welche Gefühle förderlich für den Überzeugungsprozess sind.
- Schreiben Sie das passende „Körperbild“ (Experte, Macher, Motivator, Mentor) mit Bleistift in Ihr Manuskript.
- Üben Sie das Manuskript mit lauter Stimme und passender Körpersprache. Einmal davon vor Publikum (Ihren Kollegen/Team/Familie etc.).
- Lassen Sie sich Feedback geben, ob Sie die Stimmung gut „rüberbringen“.
- Für Fortgeschrittene: Bestimmen Sie die Positionen im Raum (Raumanker).

Dramaturgie – Kontext und Ambiente Ihrer Präsentation

Business-Präsentationen finden nicht im luftleeren Raum statt. Sie sind eingebunden in einen übergeordneten wirtschaftlichen Kontext, in den Diskurs einer Branche und die Gepflogenheiten eines Unternehmens. Sie folgen Regeln und Konventionen, die die Messlatte der Erwartungen der Teilnehmer darstellen. Sie finden an bestimmten Orten zu bestimmten Zeiten mit bestimmten Menschen statt. Die Architektur, die Ausstattung des Raumes, die Sitzordnung der Teilnehmer tragen wesentlich zum Erfolg einer Präsentation bei. Und Sie als Präsentierender sind dafür verantwortlich. Sie bestimmen den Kontext und das Ambiente Ihrer Präsentation. Sie bestimmen, welche Medien wo stehen, welche Temperatur der Raum hat und ob Ihre Teilnehmer auf harten oder weichen Stühlen sitzen.

Wenn Ihre Teilnehmer frieren, Sie nicht gut sehen können oder die Technik versagt – alles fällt auf Sie zurück. Auch wenn Ihre Präsentation in einem dunklen miefigen Besprechungsraum stattfindet, fällt das auf Sie zurück – denn Sie sind verantwortlich für die Gesamtdramaturgie. Das ist auf den ersten Blick ungerecht. Denken wir gerade an Präsentationen im Hause der Kunden. Können wir da überhaupt Einfluss nehmen?

Hier sind Ihre Führungseigenschaften gefragt. Können Sie Ihre Ansprüche durchsetzen? Können Sie höflich Gespräche lenken? Haben Sie gute Beziehungen zum Haustechniker? Sind Sie weitsichtig genug, um früh begehrte Räume und Medien zu ordern? Haben Sie die richtigen Teilnehmer eingeladen? War der Text Ihrer Einladung so motivierend, dass auch die „Stars“ unter Ihren Teilnehmern sich Zeit für Sie nehmen?

Cue-Management: Die passenden Signale senden

Das Thema „Organisation einer Präsentation“ wird oft nur unter operativen Gesichtspunkten gesehen und an Assistenten delegiert – dabei handelt es sich auch hier um ein äußerst strategisches Geschehen. Deshalb ist es sehr wichtig, dass Sie, bevor Sie möglicherweise delegieren, eine genaue Vorstellung vom Kontext und Ambiente Ihrer Präsentation haben und die Gesamtdramaturgie festlegen. Dazu gehört auch die Fähigkeit, im Vorfeld für Konsens zu sorgen.

Hans-Georg Häusel spricht in seinem Buch „Brain-Script“ vom Cue-Management: „Eine Marke, ein Produkt, eine Dienstleistung strahlt viele Signale und Reize (Cues) aus, die oft nicht das Bewusstsein des Kunden und Konsumenten erreichen und trotzdem hoch wirksam sind.“ (Häusel: 2004, Seite 169). Die kleinen unbewussten Signale entscheiden mit darüber, ob Ihre Teilnehmer positive oder negative Gefühle empfinden. Deshalb ist es wichtig, jedes noch so kleine störende Detail zu entfernen und alles dafür zu tun, dass sich eine gute und förderliche Stimmung einstellen kann. Außerdem lernen Menschen schneller, leichter und nachhaltiger, wenn die Stimmung angstfrei, angenehm und positiv ist (Spitzer: 2002, Seite 165).

Geben Sie Ihrer Präsentation einen motivierenden Titel

Ein guter Titel macht Ihre Zuhörer neugierig, weckt Erwartungen und wirkt dynamisch. Häufig fasst er die zentralen Werte (Nutzen) der Kernbotschaften kurz und knapp zusammen. Hier einige Anregungen zu Formulierungen:

- Nutzen hervorheben
- Provokante Aussage
- Plakative Aussage
- Alliteration
- In Frageform

Ein Beispiel:
Carmen, die Innenarchitektin, könnte ihre Präsentation so ankündigen:

- *Nutzen hervorheben: Bürodesign heute: effizient, flexibel, inspirierend*

- *Provokante Aussage: Das Büro: Uniformierter Arbeitsplatz oder inspirierender Lebensraum?*

- *Plakativ:*
  Büro: Schönheit – Kreativität – Prestige
  Büro: Sicherheit – Ergonomie – Gesundheitsschutz

- *Alliteration: **B**üro und **B**usiness*

- *In Frageform: Wie beeinflusst das ästhetische Konzept die Unternehmenskultur? Gibt es einen Zusammenhang zwischen Bürodesign und Unternehmensgewinn?*

Für die Einladung gelten die gleichen Kriterien. Bewährt hat sich ein Einstieg, der bei den Sorgen und Problemen der Teilnehmer ansetzt, um das Problembewusstsein zu wecken. Dann wird kurz der ideale Zustand angesprochen. Die Lösung wird angedeutet, aber nicht verraten. Wenn Sie viele experimentelle Teilnehmer ansprechen möchten, können Sie sich auch was ganz Besonderes einfallen lassen: ein Quiz, einen Test, eine künstliche Hürde einbauen etc.; das steigert die Spannung und die Neugierde. Wenn Sie viele strukturierte Teilnehmer ansprechen wollen, dann geben Sie Sicherheit über Anfahrtspläne, Abläufe und weisen Sie darauf hin, was Ihre Teilnehmer praktisch mitnehmen können. Wenn Sie viele logische Teilnehmer erreichen möchten, dann kündigen Sie kurz und knapp den Nutzen an. Gefühlvolle Teilnehmer schätzen eine persönliche Einladung, eventuell ein anschließendes Telefonat. Sie können über die Wortwahl des Titels und der Einladung steuern, welche Teilnehmerkreise Sie vermehrt ansprechen wollen. Wenn Sie alle erreichen möchten, dann variieren Sie wieder im Stil und in den Nutzensargumenten.

Manuskripttechnik, die immer funktioniert

Zur Gesamtdramaturgie gehört auch die Frage: ablesen oder frei sprechen? Ich bin eine Verfechterin des ausformulierten Manuskriptes. Alle erfolgreichen Redner feilen an Ihrem Manuskript. Zum Schluss sitzt jedes Wort, jede Formulierung und jede Geste. Diese Präzisionsarbeit zerstören sie nicht durch unbedachtes freies Sprechen. Beobachten Sie hierzu Vorstandsvorsitzende, Politiker und Keynote-Speaker auf der ganzen Welt: Sie lesen ab! Warum sollen Sie es anders machen? Außerdem haben Sie ja bestimmte limbische Codes in der Vorbereitung generiert – wenn Sie jetzt frei sprechen, dann präsentieren Sie automatisch in Ihrem präferierten Code, denn der fällt Ihnen am leichtesten. Also: Formulieren Sie Ihr Manuskript aus. Üben Sie damit so lange, bis Sie es mit so viel Blickkontakt und so lebendig wie möglich vortragen. Lernen Sie professionelle Manuskripttechniken kennen. Das Manuskript in Ihren Händen gibt Ihnen die notwendige Sicherheit und Gelassenheit für Ihre Live-Präsentation.

Ich habe die Erfahrung gemacht, dass Manuskripte so individuell wie Ihre Besitzer sind. Jeder Mensch hat andere Anforderungen an sein Manuskript. Suchen Sie sich Ihren Weg. Manche benutzen ein buntes und markiertes Manuskript. Andere brauchen ordentlich strukturierte, saubere, weiße 160-Gramm-DIN-A5 Karten. Lesen Sie deshalb auch die folgenden Methoden mehr als Anregung:

1. Effektive Herstellung

Wenn Sie bisher Ihre Präsentation mit dem in diesem Buch vorgestellten Konzept vorbereitet haben, sind Sie nun im Besitz eines fertigen Manuskriptes. Es handelt sich um die Notizenseiten von PowerPoint. Im unteren Bereich finden Sie den Text mit Markierungen zur Körpersprache. Im oberen Bereich die Visualisierungen oder die Regieanweisungen für Interaktion/Aktion.

Folgende Möglichkeit haben Sie nun:

- Wenn Sie damit zurechtkommen, dann nehmen Sie diese Seiten mit.
- Drucken Sie es neu aus auf 160-Gramm-Papier. Schreiben Sie die Regieanweisungen neu, und zwar so, dass Sie gut damit zurechtkommen. Lassen Sie es im DIN-A4-Format.
- Möchten Sie lieber ein DIN-A5-Format? Dann drucken Sie ebenfalls die Notizenseiten auf 160-Gramm-Karton. Schneiden Sie das Manuskript in der Mitte durch. Die Visualisierungen und die Regieanweisungen legen Sie vor den dazugehörigen Text. Nummerieren Sie die Karten mit der Hand durch.

Allgemein gilt für ein Manuskript:

- durchnummerieren (es könnte Ihnen zu Boden fallen)
- einseitig beschriften
- gelesene Seiten nach links mit dem Gesicht nach oben verschieben – nicht unter den Stapel
- große Schrift
- viele Gliederungshilfen (Einrückungen/ Markierungen etc.)

2. Die 3-A-Technik

Wenn Sie von den Vorteilen eines fertigen Manuskripts profitieren wollen, dann lohnt es sich, die Nachteile so gering wie möglich zu halten. Ein unprofessioneller Umgang mit dem Manuskript bedeutet: Der Präsentierende schaut das Papier statt seine Teilnehmer an; er hält es verkrampft in den Händen und diese zittern leicht; er liest mit monotoner Stimme ab; die Sätze sind lang und undurchsichtig.

Schreiben Sie deshalb im Konversationston, so, als ob Sie sich mit Ihren Teilnehmern mündlich unterhalten würden. Schreiben Sie kurze, aktive Sätze. Benutzen Sie Verben statt Substantivierungen und Bilder statt Abstraktionen. Erprobte und bewährte Regeln hierzu finden Sie in Matthias Pöhms Rhetorikbuch „Vergessen Sie alles über Rhetorik“ (Pöhm: 2002).

Üben Sie dann die 3-A-Technik,

- A – Ablesen (vorausschauend, noch während Sie den letzten Satz aufsagen)
- A – Aufschauen
- A – Aufsagen

Da im Business-Kontext die meisten Menschen ihre Inhalte beherrschen (da sie sich täglich damit beschäftigen), wird es Ihnen nicht schwer fallen. Probieren Sie es gleich aus.

3. Die Ablagefläche

Wohin mit dem Manuskript? Es gibt eine Möglichkeit, die immer gut funktioniert, weil es überall Tische gibt. Achten Sie darauf, dass neben Ihnen ein Tisch steht. Stellen Sie diesen Tisch leicht schräg, so dass er Sie nicht verdeckt, dass aber eine Ecke in Ihrem Blickfeld ist. Legen Sie das Manuskript auf diese Ecke. Sie sollten es jetzt stehend gut lesen können (falls nicht, ändern Sie die Schriftgröße, eventuell neue Folien einfügen, um den Text auf mehrere Seiten zu verteilen). Stehen Sie jetzt frei vor Ihrem (imaginären) Publikum – kein Tisch, kein Rednerpult verdeckt Sie – und wenden Sie die 3-A-Technik an. Üben Sie es solange, bis es wie frei gesprochen aussieht und klingt.

Profi-Tipp

Produzieren Sie Ihr persönliches Manuskript so, dass Sie sicher damit umgehen können. Wenn Sie Ihre Präsentation perfekt beherrschen und sicher aus einem limbischen Code in den anderen wechseln können, dann sollten Sie natürlich frei sprechen. Oder Sie wählen die „Tarzan-Methode“ mit Memo-Karten und schwingen von Stichwort zu Stichwort.

Checkliste: Kontext und Ambiente Ihrer Präsentation

Bestimmen Sie Kontext und Ambiente Ihrer Präsentation. Stellen Sie sich folgende Fragen im Hinblick auf die Erreichung Ihres Präsentationszieles.

- Welche Teilnehmer müssen an dieser Präsentation teilnehmen?
- Welche Teilnehmer sollen eher nicht teilnehmen?
- Wen können Sie als Unterstützer einladen (Teilnehmer, die Ihnen wohlgesonnen sind)?
- Welche Sitzordnung ist förderlich?
- Wollen Sie im Stehen oder Sitzen präsentieren?
- Welcher Ort ist geeignet?
- Welcher Raum?
- Welche Zeit (auch Uhrzeit) ist strategisch günstig?
- Wen nehmen Sie mit (zum Beispiel den Entwicklungsingenieur für technische Fragen)?
- Welche strategischen Absprachen treffen Sie, wenn Sie im Team präsentieren?
- Welchen motivierenden Titel geben Sie Ihrer Präsentation (Nutzen in den Titel)?
- Wie schreiben Sie eine motivierende Einladung (Nutzen anbieten/Spannung aufbauen)?
- Wann sollte Ihre Einladung spätestens abgeschickt werden?
- Mit welchem Medium (Zum Beispiel Brief oder E-Mail oder Telefon)?
- Sind die Räume reserviert?
- Mit welchen Personen müssen Sie rechtzeitig Kontakt aufnehmen?
- Wie soll der Raum eingerichtet werden (Sitzordnung/Anordnung der Medien)?
- Ist für angenehmes Ambiente gesorgt?
- Ist der Weg ausgeschildert?
- Sind Parkplätze reserviert?
- Wie stellen Sie sicher, dass Ihre Präsentation auch ohne Technik funktioniert (hilfreiches Szenario: Was mache ich bei Stromausfall)?

Geschafft! Ihre Präsentation ist fertig vorbereitet, das Manuskript liegt ausformuliert vor Ihnen und Ihr Vortrag sitzt. Ihre Präsentation ist für Ihre Teilnehmer relevant, klar und überzeugend. Sie ist abwechslungsreich, interessant und spannend. Sie haben weitsichtig geplant und haben Sicherungen eingebaut. Sie haben alles dafür getan, dass Ihre Präsentation gut ankommt und ein Erfolg wird. Wie geht es Ihnen, wenn Sie jetzt an die Live-Präsentation denken? Fühlen Sie die Sicherheit, die Ihnen diese gründliche Vorbereitung bietet?

Lassen Sie uns gemeinsam darüber nachdenken wie Sie Ihre Präsentation souverän und erfolgreich vor Ihren Teilnehmern durchführen. Doch vorher möchte ich Ihnen noch vier gute Freunde vorstellen, die Sie bei Ihrer Präsentation unterstützen.

4. Ihre vier Freunde: Lampenfieber, Pannen, Einwände, Angriffe

Lampenfieber schafft eine positive Spannung

In der Rhetorik gibt es ein Paradoxon: Der Präsentierende sollte rhetorisch gut sein, darf aber rhetorisch nicht zu gut sein! Sonst wirkt er zu glatt –aalglatt. Erfolgreiche Rhetorik ist immer unsichtbar und erscheint natürlich. Es gibt einen Punkt, an dem die Rhetorik kippt: wenn sie zu gut ist und sich zu weit vom normalen rhetorischen Niveau des Publikums entfernt. Heute kommt dieses Paradoxon vor allem in der Haltung der Wähler gegenüber den Politikern als Politikverdrossenheit zum Ausdruck. Ihr bester Freund, mit dem Sie sich das Wohlwollen Ihrer Zuhörer gleich am Anfang sichern, ist Ihr Lampenfieber! Treten Sie am Anfang einer Rede nie zu forsch, zu dynamisch auf. Erstens brauchen Sie Steigerungspotential zum Schluss hin, denn der ist der Höhepunkt Ihrer Präsentation. Und zweitens sichern Sie sich über einen leisen, nicht zu selbstsicheren Anfang die Sympathie der Zuhörer – denn die meisten sind keine begnadeten Redner und sind sehr froh, dass sie bequem sitzen und Sie dort vorne exponiert stehen. Trösten Sie sich: Nur wer wagt, dort vorn zu stehen, kann den Kraftort nutzen, um die Welt ein bisschen mehr nach seinen Vorstellungen zu gestalten.

Also freuen Sie sich über Ihr Lampenfieber, begrüßen Sie es wie einen guten Freund und verbünden Sie sich mit ihm. Dann lässt es auch mit sich verhandeln.

Vorteile des Lampenfiebers:

- Es schafft eine positive Spannung.
- Es aktiviert auch noch die letzten Ressourcen und den Willen zur Leistung.
- Es schrumpft den Redner auf ein menschliches Maß (Sympathiebonus).
- Es schafft die Möglichkeit des leisen Beginns und der Steigerung.
- Es verhindert Schlaffheit und mangelnde Konzentration.

Die Spannung macht Ihre Präsentation erst kraft- und wirkungsvoll. Entspannung gehört nicht zur Rede, sie ist der wohlverdiente Preis nach einer gelungenen Präsentation. Nachteile des Lampenfiebers: Es kann zu lästigen inneren körperlichen Reaktionen führen, die äußerlich sichtbar werden wie Erröten, Zappeln, Nesteln, Stocken usw. Eine gute Vorbereitung, ein individuelles Manuskript und üben, üben, üben sind die hilfreichsten Mittel gegen Redeangst. Helfen können noch zwei weitere Strategien:

Die „Think-Positive"-Strategie gegen Lampenfieber

Denken Sie nur:

- an eigene Erfolge und Stärken
- an die gründliche und gewissenhafte Vorbereitung
- an positive Gefühle wie Freude, Gelöstheit.

Wiederholen Sie ununterbrochen wie ein Mantra (nach Pöhm: 2002):
Ich habe euch etwas Wichtiges mitzuteilen
Ich habe euch etwas Wichtiges mitzuteilen
oder
Ich mag mein Publikum ...
Ich mag mein Publikum ...

Lassen Sie nur Sympathie für das Publikum aufkommen. Keine negativen Gedanken! Sagen Sie sich ununterbrochen die Formel der berühmten amerikanischen Rhetoriktrainerin Dorothe Sarnoff auf (Sarnoff:1990):
Ich freue mich, hier zu sein ...
Ich freue mich, dass Sie da sind ...
Ich bin ganz für Sie da ...
Ich weiß, wovon ich spreche ...

„Worst-Case"- Strategie gegen Lampenfieber

Der Rhetoriktrainer Matthias Pöhm empfiehlt die „Super-Gau-Technik": Stellen Sie sich vor, was im allerschlimmsten Fall passieren kann: Malen Sie sich den furchtbarsten Katastrophenfall aus: Pannen, Gelächter ... Akzeptieren Sie ihn: „Ja, das kann passieren. Ich kann damit (weiter)leben." Stellen Sie diesem Super-Gau Ihrem letzten zehn Minuten auf Erden entgegen. Ist er dann wirklich noch so schlimm (Pöhm: 2002)?

Weitere Tipps gegen starkes Lampenfieber

- Rede-Trockenübungen: Üben Sie vor Freunden, der Familie. Besuchen Sie Veranstaltungen mit anschließender Diskussion. Lassen Sie sich in Vereinen zu Pressesprechern oder Ähnliches wählen.
- Besuchen Sie Praxisseminare, in denen Sie vor der Gruppe Reden halten müssen. Videoanalyse ist sinnvoll. Versuchen Sie, wenigstens drei Vorsätze, die Sie im Seminar gefasst haben, im Alltag umzusetzen (Vertrag mit sich selbst abschließen).
- Reden lernt man nur durch Reden! Ergreifen Sie, wann immer es geht, das Wort.
- Lernen Sie, sich richtig einzuschätzen und keine übermenschlichen Leistungen von sich selbst zu verlangen. Die wenigsten Menschen sind brillante, wortgewandte, schlagfertige, humorvolle und geistreiche Redner. Setzen Sie sich realistische Ziele.
- Die Teilnehmer sind Ihnen meistens wohlgesonnen – sind sie doch froh, dass Sie da vorn stehen und nicht sie selbst!

Ebenfalls sehr hilfreich ist es,

- wenn Sie den Raum, in dem Sie Ihren Vortrag halten, gut kennen. Laufen Sie durch den Raum, eigenen Sie ihn sich an, „markieren" Sie Ihr Gebiet.
- wenn alle Medien, die Sie benutzen wollen, auf Funktion geprüft werden.
- wenn ihr Äußeres gepflegt und der Situation angemessen ist.
- wenn Sie sich ein bekanntes/wohlwol-lendes Gesicht als Anker aussuchen. Von ihm starten Sie den Blickkontakt und kommen bei Unsicherheiten wieder zurück. Setzen Sie Freunde in die vorderen Reihen.
- wenn Sie sich selbst nicht so wichtig nehmen, sondern an die Botschaft denken, die Sie vermitteln wollen. Sachlich und folglich gelassener werden.

Profi-Tipp

Genießen Sie die Situation, im Mittelpunkt zu stehen und all Ihr Wissen und Ihre Erfahrung an einen interessierten Teilnehmerkreis weiterzugeben.

Pannen – zeigen Sie sich als souveräner Krisenmanager

Pannen können deshalb Ihre Freunde sein, weil Sie zeigen können, was Sie für ein hervorragender Krisenmanager sind: Sie lassen sich nicht aus der Ruhe bringen, delegieren perfekt und lösen Probleme schnell und unkonventionell! Also freuen Sie sich über Pannen, sie sind ein guter Freund!

Hier eine „Erste Hilfe" um souverän, gelassen und lösungsorientiert zu agieren:

Der Erste-Hilfe-Koffer: Ähmmmm ….
oder: Was tun bei Blackouts?

Erste Hilfe

- Bezug zur Gliederung wiederherstellen
- Durchatmen, kleine Denkpause
- Betont langsam weitersprechen
- Zusammenfassung des bisher Gesagten
- Letzte Folie nochmals auflegen und aufgreifen
- Offen zugeben, dass Sie den Faden verloren haben
- Eine Frage an die Zuhörer stellen
- Zum nächsten Themenpunkt übergehen
- Kaffeepause machen

Wie sag ich's nur …
oder: Was tun bei Versprechern?

Erste Hilfe

- Gar nichts; weiterreden – nicht entschuldigen
- Wenn Ihnen ein Wort nicht einfällt: Fragen Sie das Publikum „Wie soll ich es sagen?"
- Sie haben einen Satz angefangen und wissen nicht, wie Sie ihn zu Ende führen sollen? Formulieren Sie um: „Lassen Sie es mich mit anderen Worten sagen …"

Licht aus …
oder: Was tun bei technischen Pannen?

Erste Hilfe

- Gut vorbereitet sein: Ihre Rede sollte immer auch „unplugged" funktionieren
- Wenn Panne eingetreten ist: Ruhe bewahren
- Wenn möglich: Kaffeepause für Teilnehmer ankündigen
- Delegieren: Freund/Bezugsperson unter den Teilnehmern bitten, das Problem zu lösen
- Souverän weitermachen

Gemurmel, Zu-spät-Kommer, Zu-früh-Geher … oder: Was tun bei Störungen?

Erste Hilfe

- Unruhe: Verbalisieren: „Ich sehe, Sie haben Diskussionsbedarf. Welche Fragen beschäftigen Sie?", „Es ist ziemlich unruhig. Brauchen Sie eine Pause, oder gibt es Ideen Ihrerseits?"
- Zwei führen Nebengespräche: „Ich sehe, es gibt Diskussionsbedarf. Was beschäftigt Sie gerade?", „Welche Dinge sind noch unklar?"

- Zu-spät-Kommer: kurz zunicken, ihnen einen Platz zuweisen, weitersprechen
- Zu-früh-Geher: souverän bleiben, weitermachen

Einwände sind Werte und somit verdeckte Wünsche!

Die allerbesten Freunde des Redners sind Einwände! Denn wenn Sie bisher das limbische Profil Ihrer Zuhörer nur über Hypothesen bestimmt und angesprochen haben, dann kommt jetzt der Beweis, ob Ihre These stimmt.

- Je weniger Einwände – umso präziser haben Sie die Werte, Denkstile und Probleme Ihrer Zuhörer recherchiert.
- Je mehr Einwände – umso weiter sind Sie von der Lebenswelt Ihrer Zuhörer entfernt.

Die gute Nachricht: Die Einwände sind wie ein Richtungsweiser in die Wertewelt, zum Denkstil und zu den Problemen Ihrer Teilnehmer. Einwände sind verdeckte Wünsche! Es gibt ganze Bücher, die sich mit Einwandbehandlung beschäftigen. Ich gebe Ihnen hierzu nur drei Anregungen, wie Sie **wertschätzend** Einwände beantworten können. Damit kommen Sie in allen rhetorischen Situationen sehr weit:

Limbische Einwandtechnik:

- Würdigen Sie Einwände und freuen Sie sich!
- Formulieren Sie Einwände in Werte und Wünsche um.
- Präsentieren Sie nicht stur weiter – suchen Sie gemeinsam maßgeschneiderte Lösungen.

Beispiele Einwände:

- *Das ist aber schlechte Qualität!*
- *Das ist aber teuer!*
- *Das geht bei uns nicht!*

1. Würdigen:

- *Ja, Qualität ist ein sehr wichtiger Aspekt.*
- *Ja, der Preis spielt eine wichtige Rolle.*
- *Ja, es gibt einen Anteil an konservativen Kunden.*

2. Zum Wunsch umformulieren:

- *Sie legen Wert auf gute Qualität?*
- *Ihnen ist ein guter Preis wichtig?*
- *Wünschen Sie sich, dass das bei Ihnen geht?*

(In dieser Phase über Fragetechnik viel Information holen. Setzen Sie Genauigkeitsfragen ein: „Was genau ...?"; „Wie genau ...?"; „Können Sie mir ein Beispiel nennen?")

3. Gemeinsam maßgeschneiderte Lösung suchen: Formulierungshilfen

- *Darf ich Ihnen zeigen, warum meine Empfehlung gerade (Wert einsetzen) entspricht?*
- *Wie müsste es sein, dass es für Sie passt?*
- *Welches sind Ihre Vorstellungen?*
- *Wie gefällt Ihnen ... (neue Lösung, die dem Wert des Kunden entspricht)?*
- *Wie finden Sie folgende Idee ... (Idee, die dem Wert des Kunden entspricht)?*

Wenn Sie im Moment nicht der ideale Problemlöser sind, ist es manchmal besser, loszulassen und eine Empfehlung für einen anderen auszusprechen. Erstens wird diese

Ehrlichkeit von Kunden und Teilnehmern honoriert. Zweitens können Sie Ihr Netzwerk stärken. Und drittens haben Sie Energie und Zeit für die Kunden und Projekte, die 100 Prozent zu Ihnen passen.

Unfaire Angriffsmethoden energiesparend abwehren

Auch unfaire Angriffe können Ihre Freunde werden. Wenn Sie geschickt mit ihnen umgehen, isolieren Sie den Angreifer, wirken souverän und sympathisch und bauen Gefolgschaften aus.

Es ist wichtig, unfaire Gesprächsbeiträge zu erkennen und konsequent und souverän zu unterbinden. Sonst wird man im schlimmsten Fall zum Opfer.

Wer sich schnell emotionalisieren lässt, läuft Gefahr, taktisch in die Defensive zu geraten, in ein Streitgespräch verwickelt zu werden und das eigentliche Sachziel aus den Augen zu verlieren. Das wusste schon die antike Rhetorik, die dem Redner die Anweisung gab: „Triffst du die Sache nicht, triff die Person!"

Unfaire Angriffe haben folgende Ziele:

- Sie sollen tief treffen, so dass wir mit unseren Emotionen (Wut, Rache, Fluchtgedanken …) beschäftigt sind und nicht mit der Sache – nämlich unserem Redeziel.
- Sie weisen automatisch in eine unterlegene Situation, denn egal, wie wir reagieren, ob aggressiv, unterwürfig oder souverän – wir bleiben Reagierende.
- Der Angegriffene wird müde und angeschlagen und kann dadurch seine Sache nicht mehr so konsequent und selbstbewusst vertreten.

Die Kunst ist es, dem Angreifer freundlich, aber bestimmt Grenzen zu setzen, ohne großes Aufhebens ihn darauf hinzuweisen, dass er die Regeln der Fairness verletzt, dadurch das Publikum auf Ihre Seite zu ziehen – und gelassen weiterzumachen. Nie das Ziel aus den Augen verlieren! Denn genau das bezweckt der Angreifer. Außerdem dürfen Sie mit überpointierter Schlagfertigkeit keine Mauern zwischen sich und Ihren Teilnehmern errichten – schließlich steht ja der Abschluss noch aus.

Spielen Sie den Advocatus diaboli für Ihre Präsentation:

- Mit welchen Einwänden könnten Sie konfrontiert werden?
(Lesen Sie sich dazu noch einmal Ihre Zielgruppenanalyse durch, vor allem die Befürchtungen Ihrer Teilnehmer).
- Mit welchen, auch unfairen, Angriffen könnten Sie rechnen?
- Wie können Sie Ihre Schlagfertigkeit steigern? Suchen Sie sich im Vorfeld passende Möglichkeiten zu antworten.

Angeregt durch Barbara Berckhan (2001) und Gudrun Fey (2005) stelle ich Ihnen nur Techniken vor, die den oben genannten Anforderungen entsprechen: Sie vergeuden wenig Energie und wirken sich nicht nachteilig auf die Beziehungsebene aus. Sie sind auch unter Stress einfach anzuwenden, sie sind leicht zu lernen, sie sind nicht **schlagfertig** und sie sind universell einsetzbar.

Beispiele:

Notfallgeste
Hand zum Stoppschild und fest (!): „Moment mal, Herr Kaiser“, (und dann freundlich) „wie meinen Sie das?“

Notfallwörtchen
So, so!; Ach ja?; Wie bitte?

Fairplay einfordern
„Herr Kaiser, ich bin hier, um Ihnen die Vorteile der XY-Technologie zu vermitteln – lassen Sie uns in der Sache weitermachen.“

Gegenfrage stellen
„Wer fragt, der führt“ „Wie meinen Sie das?“ oder „Was genau meinen Sie damit?“ Oft meint der andere es nicht herabsetzend. Sollte er es doch tun, muss er jetzt Stellung beziehen. Sie sind der oder die Agierende!

Aktiv zuhören
Fragen Sie die Ebene ab, die sich Ihnen aufdrängt: „Wenn ich Sie richtig verstanden habe, sind Sie unzufrieden mit ...“

Ich-Botschaften senden
„Ich denke ...“; „Ich wünsche mir ...“; „Ich möchte nicht ...“; „Ich fühle mich ...“; „Ich habe andere Vorstellungen ...“ usw. Dadurch kommen Sie in eine sehr souveräne Sprecherposition und helfen dem anderen, ebenfalls offen und ehrlich zu reden.

Den Angreifer zum kostenlosen Berater machen
Angriff: „Das wirkt aber nicht sehr professionell!“
Abwehr: „Wie müsste es Ihrer Meinung nach aussehen, damit es professionell wirkt?“

Kehren Sie die Aussage um
Angriff: „Sind Sie nicht noch ein bisschen zu jung für diese Aufgabe?“
Abwehr: „Gerade weil ich so jung bin, bin ich besonders engagiert.“

Zauberfragen in schwierigen Situationen:
Was schlagen Sie vor, wie wir zu einer Lösung kommen können?

Zaubersatz:
Das mag sein. Ich sehe das so ...

Körpersprachlich abwehren:
strenger Blick, Stirnrunzeln, Kopfschütteln, abwertende Gestik

Deutlich abgrenzen; aussteigen
„Moment mal, Herr Kaiser, ich bin gerne bereit, mit Ihnen über diese Situation zu sprechen, ich bin allerdings nicht bereit, mich von Ihnen persönlich angreifen zu lassen.“

Humor und Gelassenheit helfen weiter – vieles ist nicht persönlich gemeint. Würde morgen ein anderer in Ihrer Rolle dastehen, so würde es ihn treffen.

5. Die erfolgreiche Durchführung Ihrer Präsentation

Der große Tag ist gekommen. Heute halten Sie Ihre Präsentation. Heute können Sie endlich zeigen, was Sie wissen, was Sie können und wie Sie mit Ihrer Erfahrung das Leben Ihrer Teilnehmer bereichern. Sie haben Ihre vier Freunde dabei, Ihr ausformuliertes Manuskript. Sie sind gut vorbereitet. Sie haben Ihr Möglichstes und Ihr Bestes gegeben. Machen Sie sich jetzt noch frei von der Vorstellung, dass Ihnen keine Fehler passieren dürfen, und Sie sind auf der sicheren Seite. Erfolgreiche Menschen haben ein entspanntes Verhältnis zu Fehlern. Sie wissen, dass nur derjenige Fehler macht, der handelt, der neue Wege sucht und der mutig Dinge ausprobiert. Und sie wissen auch, dass Fehler die Lehrmeister des Lebens sind. Sie betrachten sie als eine Art kostenloses Coaching und lernen daraus. Erinnern Sie sich daran, wie unsere Limbischen Instruktionen wirken: Sie belohnen uns mit guten Gefühlen und bestrafen uns mit negativen Gefühlen – damit wir negative Situationen meiden und aus evolutionärer Sicht immer fähiger werden. Fehler sind also da, damit wir lernen und immer besser werden.

Das Geheimnis der Profis: Die Nachbereitung

> *Misserfolg ist die Chance, es beim nächsten Mal besser zu machen.*
>
> Henry Ford

Deshalb ist es sehr wichtig, genau zu beobachten, wo Ihre Präsentation rund läuft und wo nicht. Erfolgreiche Redner nutzen dieses Feedback um von Präsentation zu Präsentation besser und besser zu werden. Machen Sie das auch: Bereiten Sie Ihre Präsentation immer nach. Beobachten Sie während der Präsentation, was gut ankommt und was nicht, und merken Sie sich vor allem die Einwände der Zuhörer, denn die helfen Ihnen, Ihre nächste Präsentation vor ähnlichen Teilnehmern feiner zu justieren – denn Einwände sind Werte. Und Werte sind die Grundlagen von Kernbotschaften. Hören Sie gut zu, wenn Teilnehmer ihre Probleme schildern. Denn hier können Sie nächstes Mal mit Ihrem Überzeugungsprozess ansetzen. Und beobachten Sie Ihre Teilnehmer: Welcher Denkstil spiegelt sich zum Beispiel in ihrem Verhalten, in ihrem Erscheinungsbild, in dem Design der Einrichtungen? Nutzen Sie die Präsentationssituation immer auch als Recherche für Ihre nächste Präsentation.

Ein Blick hinter die Kulissen

Ihre Präsentation beginnt in dem Moment, in dem Ihre Teilnehmer Sie sehen. Das kann an Ihrem Auto sein, wenn Sie beim Kunden präsentieren und abgeholt werden. Das kann am Teilnehmertisch sein, wenn vor Ihnen jemand anders präsentiert. Ab diesem Moment senden Sie Signale, die von Ihren Teilnehmern bewusst oder unbewusst gelesen werden.

Nehmen wir die klassische Präsentationssituation: Sie sind zuerst im Raum – Ihre Teilnehmer kommen später. Ich weiß, dass das heute nicht immer möglich ist. Sie sollten aber immer versuchen, diese Situation im Vorfeld durchzusetzen – auch beim Kunden. Denn dann haben Sie Zeit, alles so einzurichten, wie es Ihnen am besten passt, und Sie können die technischen Medien auf Ihre Funktion prüfen. Es ist nicht vorteilhaft, wenn Ihre Zuhörer dieses Bild am Anfang von Ihnen sehen: ein mit Kabeln hantierender Mensch, das Bild Ihres Desktops mit Ihren Ordnern, wenn Sie Ihr Notebook hochfahren, das Suchen in Dateien nach Ihrer Präsentation.

Seien Sie mindestens eine Stunde vor Ihren Teilnehmern vor Ort.
Richten Sie sich so ein, wie Sie es in der organisatorischen Vorbereitung festgelegt haben. Passen Sie Ihre Vorbereitung an die gegebenen Räumlichkeiten an:

- Bestimmen Sie die Raumanker.
- Überprüfen Sie die Funktion der Medien (auch Stifte und Papier).
- Kontaktieren Sie den Haustechniker, lassen Sie sich seine Handynummer geben.
- Überprüfen Sie die Sitzordnung, ggf. Namensschilder.
- Suchen Sie sich Wasser und stellen Sie es an Ihren Präsentationsplatz.
- Stimmt die Temperatur? Die Lichtverhältnisse? Gibt es Getränke?
- Wenn es einen Veranstalter oder Moderator gibt: Plaudern Sie nett mit ihm; geben Sie ihm den Text an, mit dem er Sie vorstellen soll.

Wenn Ihre Teilnehmer ankommen, begrüßen Sie jeden mit Handschlag und Blickkontakt. Stellen Sie sich kurz vor. Merken Sie sich die Namen, tragen Sie diese eventuell in einen vorbereiteten Sitzplan ein (unauffällig!). Bieten Sie Ihren Teilnehmern einen Sitzplatz an und nutzen Sie die Gelegenheit zum Plaudern. Lassen Sie dabei mehr die Teilnehmer zu Wort kommen und seien Sie lieber ein guter Zuhörer. Knüpfen Sie jetzt schon ein feines Band der Zugehörigkeit. Fangen Sie dann pünktlich an, ohne dabei oberlehrerhaft zu wirken.

Jetzt beginnt Ihre Präsentation.

Vorhang auf – Regieanweisungen für Ihren Auftritt

> *Der Zufall begünstigt nur den vorbereiteten Geist.*
>
> Louis Pasteur

Ihr Auftritt steht ab jetzt auf Ihrem Manuskript. Sie können ganz entspannt und gelassen nach vorn gehen. Ab jetzt führen Sie auf, was Sie in der Vorbereitung geschrieben, visualisiert, inszeniert und geübt haben! Deshalb von meiner Seite jetzt nur noch einige Regieanweisungen aus meiner rhetorischen Praxis und aus der Schatztruhe der Rhetorik.

Erste Szene: Einleitung – beziehen Sie Stellung

Die Körperhaltung: Standfestigkeit zeigen

Die Menschen wollen zuerst wissen, **wer** ihnen etwas erzählen möchte, bevor sie zuhören, **was** derjenige zu erzählen hat. Bevor Sie beginnen:

- Gehen Sie langsam durch die Gruppe (erzeugt Sicherheit). Stellen Sie sich so hin, dass alle Sie ganz sehen können, zeigen Sie sich von der Seite und von hinten (erzeugt Vertrauen).
- Stellen Sie sich an Ihren Rednerplatz und machen Sie eine lange Pause. Das wirkt souverän und selbstsicher.
- Nehmen Sie Ihren **Stand**punkt als Redner ein: Stellen Sie sich **ganz aufrecht,** etwa hüftbreit hin. Werden Sie **ganz ruhig.** Stehen Sie **symmetrisch.** Das alles erhöht Ihre Sicherheit, Ihre Glaubwürdigkeit und Ihre Vertrauenswürdigkeit.
- Schauen Sie Ihre Teilnehmer an. Nehmen Sie einzelne Menschen bewusst war. Zuerst die Ihnen wohlgesonnenen, später die, die eher kritisch sind.
- Warten Sie ganz ruhig lächelnd, bis alle Sie ansehen (auch wenn es Ihnen lang erscheint).
- Warten Sie, bis Sie auch als Mensch angekommen sind – nicht nur als Rolle.
- Schnappen Sie nicht nach Luft. Das Adrenalin sorgt automatisch dafür, dass Ihre Lunge in dieser Situation mit mehr Luft versorgt wird.
- Sprechen Sie erst dann. Sprechen Sie beim Ausatmen. Und fangen Sie langsam an.
- Wirken Sie beim Einstieg, egal vor welchem limbischen Teilnehmertyp Sie sprechen, nicht forsch oder jungdynamisch – das ist unpassend für den Einstieg.

> **Profi-Tipp**
>
> Gewinnen Sie eher mit Bescheidenheit Ihre Teilnehmer. Die antike Rhetorik nennt die Fähigkeit, zu Beginn nicht allzu professionell zu wirken, humiliatio – die Kunst liegt darin, die eigene Kompetenz anzudeuten und sich gleichzeitig ihrer scheinbar nicht bewusst zu sein.

Wohin mit den Händen?

Entweder vor dem Körper zwischen Brust und Bauch halten oder Hände locker hängen lassen, die natürlichen Gesten kommen von allein. Gestik am Anfang sparsam einsetzen.

Gebende Gestik

- Nicht überwiegend seitwärts gestikulieren, das könnte aus einiger Entfernung wie ein Hampelmann aussehen.
- **Gebende Gesten:** Geste immer am Körper ansetzen und nach vorn führen. Handfläche offen, Handrücken zeigt nach unten. Vorstellung: ein Geschenk an Ihre Teilnehmer verteilen.
- **Positiver Bereich:** Hände vor dem Körper, zwischen Brust und Nabel bewegen.
- Keine kleinen, zackigen Bewegungen, sondern große, runde Gesten.
- Vermeiden Sie generell nervöse Gesten wie kratzen, mit dem Kugelschreiber an die Zähne klopfen, denn dies zeigt Ihre Nervosität. Außerdem besteht die Gefahr, dass die Nervosität sich auf das Publikum überträgt. Nesteln Sie nicht an Ihrer Kleidung. Die Hände gehören nicht ins Gesicht! Brillenträger sollten es vermeiden, ständig die Brille auf- und abzusetzen. Vermeiden Sie nervöses Hantieren mit dem Bleistift, Blättern in Unterlagen, das Fummeln an der Kleidung.
- Jede Geste sollte zeitlich (optimal: ein wenig voraus) und passend zur verbalen Aussage kommen, sie darf nicht hinterherhinken.

Blickkontakt – sehen Sie Ihre Teilnehmer wirklich an

Sprechen Sie den Text und lassen Sie dabei Ihren Blick in regelmäßigem Rhythmus von Teilnehmer zu Teilnehmer gehen, so dass innerhalb eines überschaubaren Zeitraums jeder Teilnehmer wieder Blickkontakt zu Ihnen hat. Dabei sollten Sie Ihren Blick schweifen lassen und abwechselnd einzelne Teilnehmer länger ansehen, sie wirklich mit dem Herzen ansehen!

Wenn ein Zuhörer eine Frage stellt: Schauen Sie ihn kurz an und wenden Sie sich dann mit Ihrem Blick wieder der ganzen Gruppe zu.

Ungeeignete Einstiege

Nicht in die Einleitung gehören:

- Entschuldigungen: „Ich mache das zum ersten Mal …!"
- Schwierigkeiten: „Ich hatte große Probleme, Material zu finden!"
- Negativworte: „Leider müssen wir heute …", „Schade, dass …!"
- Selbsterwärmungen: „Ich habe die ehrenvolle Pflicht …!"
- Sich aufblasen: „Ich spreche zu Ihnen aufgrund meiner langjährigen Erfahrung …!"
- Fishing for compliments: „Mir als kleinem Angestellten …!"
- Floskeln: „Es ist mir eine Ehre …!"
- Fluchen: „Mist, jetzt find ich schon wieder meine Folie nicht!"

Zweite Szene: Hauptteil – Abwechslung erfreut!

Variatio delectat – Abwechslung erfreut! Auch das ist ein alter Grundsatz der Rhetorik, und er gilt ganz besonders im längsten Teil Ihrer Präsentation, dem Hauptteil. Im Hauptteil präsentieren Sie das Problem mit Hölle und Überzeugungsmittel, das Ziel mit Himmel und Überzeugungsmittel und Ihre Lösung, eventuell mit Varianten oder Stufenplänen. Dadurch, dass Sie Ihre Kernbotschaften auf die unterschiedlichen Redestile Ihrer Teilnehmer abgestimmt haben, ist Ihr Vortrag schon sehr abwechslungsreich. Meine Regieanweisungen beschränken sich jetzt nur noch darauf, Sie daran zu erinnern, auch mit Ihrem Körper und mit Ihrer Stimme abwechslungsreich zu präsentieren – denn nichts ist so einschläfernd wie eine monotone Stimme und eine steife Körperhaltung.

Bewegung mit Bedeutung

Erinnern Sie sich an den Abschnitt „Mit der Körpersprache Stimmungen erzeugen" von Seite 89 ff.? Dort haben Sie vier emotionale (Haupt-)Stimmungen kennen gelernt, die Sie mit Stimme und Körpersprache auf Ihre Teilnehmer übertragen. Diesen unterschiedlichen Richtungen gaben wir vier Namen (Experte, Macher, Mentor und Motivator) und wählten Raumanker für die unterschiedlichen emotionalen Zustände aus. Jetzt, bei Ihrer Live-Vorführung, wechseln Sie die unterschiedlichen inneren Zustände und die dazugehörigen äußeren räumlichen Positionen und erzeugen so die nötige Abwechslung. Sie werden erleben, dass, wenn Sie zum Beispiel in der Position „Experte" sind, vor allem Ihre logischen Teilnehmer aufmerksam sind und angeregt mitdenken. Wenn Sie dann die Position wechseln und zum Beispiel über die Umsetzung in der Position „Macher" sprechen, werden vor allem die strukturierten Teilnehmer hellwach sein. So können Sie präzise die ganze Gruppe abwechselnd motivieren. Was tun Menschen, wenn nicht ihr bevorzugter Redestil dran ist? Sie fokussieren ihre Aufmerksamkeit nach innen, denken zum Beispiel über das nach, was Sie vorher gesagt haben, oder hängen ihren eigenen Gedanken nach. Das ist ganz natürlich und schadet Ihrer Präsentation nicht – solange sie abwechselnd immer wieder in allen vertretenen Redestilen präsentieren.

Das Konzept der Raumanker bringt auf eine sehr bedeutungsvolle Art Bewegung in Ihre Präsentation. Es verhindert auf der einen Seite Monotonie, aber auch sinnloses Hin- und Herlaufen des Präsentierenden. Denn das lenkt noch mehr von der Botschaft ab als Starre. Außerdem sichert das Konzept der Raumanker auch die Kongruenz von Inhalt und Ausdruck. Ich erlebe in meinen Seminaren oft, dass optimistische Menschen mit leuchtenden Augen über Probleme sprechen und eher pessimistische Menschen mit bedrückter Stimmung Visionen präsentieren. Die Inkongruenz von Inhalt und Form kann unser Gehirn nicht verarbeiten – und entscheidet sich unbewusst dafür, Ihrem Körper zu glauben.

Dynamischer Medieneinsatz

Eine andere Möglichkeit, Abwechslung und Dynamik in Ihre Präsentation zu bringen, ist der Medieneinsatz. Auch hier haben wir in der Vorbereitung sichergestellt, dass mehr als nur PowerPoint-Folien zum Einsatz kommen. An dieser Stelle möchte ich Ihnen einige pragmatische Empfehlungen zum Thema Medieneinsatz geben:

- Moderieren Sie die Inhalte an. Geben Sie Überblickinformationen: „Auf dem nächsten Bild werden Sie …“
- Kündigen Sie das Medium an und zeigen Sie darauf, gehen Sie dann aus dem Blickfeld.
- Lassen Sie dem Publikum Zeit, sich zu orientieren. In dieser Zeit prüfen Sie, ob es für alle sichtbar ist, und korrigieren ggf. die Schärfe.
- Ziehen Sie Flipcharts und Moderationswände nahe an Ihre Teilnehmer, aber so, dass sie für alle sichtbar sind.
- Erst schreiben, dann sprechen. Zeigen Sie Ihren Teilnehmern keinen „sprechenden Rücken“, behalten Sie Blickkontakt zum Publikum: schweigend schreiben – zum Publikum drehen – zeigen – sprechen – neue Anmoderation und Überleitung.
- Nachdem Sie das Medium benutzt haben, räumen Sie es weg und machen wieder eine kleine Pause, bevor Sie fortfahren. Das dient auch dem Erholungseffekt.

Mit der Stimme Stimmung machen

Ihre Stimme bietet Ihnen eine weitere Möglichkeit, Abwechslung zu erzeugen. Mit der Stimme Stimmung zu machen, das ist die hohe Kunst der Rhetorik.

Hören Sie einmal professionellen Nachrichtensprechern zu – sie sind ein gutes Beispiel für den „Experten“. Sendungen wie „Report“ oder „Monitor“ sind mit ihrer problemorientierten Berichterstattung ein gutes Beispiel für das Stimmmuster des „Machers“. Einfühlsame Talkmaster wie Kerner oder Beckmann sind ein gutes Vorbild für das zugängliche Stimmmuster des „Mentors“, und Thomas Gottschalk ist ein gutes Beispiel für die Stimmlage des „Motivators“.

Die Stimme unterstreicht die limbische Codierung Ihrer Präsentation. Wenn Sie über Zahlen, Daten, Fakten sprechen, werden Sie ein anderes Stimmmuster wählen (Experte), als wenn Sie eine persönliche Geschichte erzählen (Mentor). Grundsätzlich gilt auch bei der Stimme: Es gibt keinen richtigen und keinen falschen, nur einen passenden und einen unpassenden Einsatz. Gleichzeitig gibt es einige Empfehlungen, die immer gelten:

- Machen Sie Pausen.
- Die Stimme passt sich dem Inhalt an.
- Markieren Sie die limbische Codierung auch sprachlich: zum Beispiel „Ein menschliches Projekt“ – Stimme: warm, weich, moduliert; „Ein Gewinn bringendes Projekt“ – Stimme: fest, hart, wenig moduliert.
- Legen Sie Energie in die Stimme bei gewichtigen Argumenten.
- Werden Sie auch bei Unruhe nicht lauter (leiser oder Pause, bis Ruhe eintritt).
- Hervorhebungen: **langsamer** werden, **Pause,** mit Stimme nach **unten** gehen
  Das Konzept funktioniert /hervorragend/ in /jeder/ Situation!
- Langsam sprechen, bewusst die Endsilben betonen. Dadurch wird die Atemluft komplett ausgeatmet – die Einatmung wird intensiver, wir können länger sprechen.
- Gehen Sie am Satzende nicht mit der Stimme nach oben, wenn Sie eine Behauptung aufstellen. Das wirkt unsicher, da fragend.

- Unterstreichen Sie im Manuskript die Wörter, die Sie betonen wollen.
- Gliedern Sie das Manuskript in Atem-/ Sinneseinheiten: Machen Sie einen Pausenstrich dort, wo Sie eine Pause machen wollen, und einen dicken Strich, wenn die Pause länger sein soll (Stilfigur).

Profi-Tipp: Pausen

Sie wirken souverän, kompetent.
Ihr Publikum hat Zeit zum Nachdenken.
Ihre Inhalte bleiben besser im Gedächtnis der Hörer haften.

Machen Sie auch mit der Gestik eine Pause: Gestik einen Sekundenbruchteil im Raum stehen lassen, dazu eine Sprechpause machen und das Publikum anschauen. Kaum ein rhetorisches Mittel erhöht die Wichtigkeit und Glaubwürdigkeit einer Aussage und steigert Ihre Kompetenz mehr.

Den roten Faden visualisieren und verbalisieren

Die größte Gefahr im Hauptteil besteht darin, dass Ihre Teilnehmer den Faden verlieren. Beobachten Sie deshalb ihre Teilnehmer: Nicken sie zustimmend, ist Ihre Körpersprache offen und freundlich? Oder sitzen sie mit gerunzelter Stirn, verschränkten Armen und sichtbaren Fußsohlen da? Reagieren Sie sofort auf kleinste Zeichen des Unverständnisses, indem Sie zum Beispiel etwas mit anderen Worten wiederholen oder es skizzieren. Sie können die Körpersprache Ihrer Teilnehmer auch verbalisieren, zum Beispiel: „Ich sehe Stirnrunzeln – habe ich mich unverständlich ausgedrückt?"

Sie helfen Ihren Teilnehmern sich zu orientieren, wenn Sie die Gliederung permanent visualisieren und auch mündlich immer wieder den Bezug zu Ihrem roten Faden herstellen.

- Je abstrakter und komplexer ein Thema ist, desto expliziter sollte die Gliederung erkennbar gemacht werden: *Ich komme jetzt zu ...*
- Machen Sie Zwischenzusammenfassungen, die Sie langsam und eindringlich mit Blickkontakt vortragen: *Worum es vor allem geht, ist ...*
- Gliedern Sie Ihren Vortrag durch Fragen. Sie erhöhen die Aufmerksamkeit durch Spannung: *Wie kommt es also, dass ...?*
- Wiederholen Sie Ihre These immer wieder in den Übergängen, eventuell mit Rückblick und Vorschau (Wiederholungsfiguren: Dadurch prägt sich die mündliche Rede besser ins Gedächtnis ein).

Dritte Szene: Diskussion – bauen Sie Brücken statt Mauern

Häufig kommt es in Präsentationen zu Diskussionen. Das kann in jeder Phase Ihrer Präsentation sein, wenn Ihre Teilnehmer Fragen haben oder Anregungen geben. Oder in einer extra vorgesehenen Diskussionsphase – meist nach der Lösung. Diskussionsphasen können auch taktisch eingesetzt werden. So empfiehlt die Managementtrainerin Hedwig Kellner: Sie können eine Diskussionsphase planen, nachdem Sie den gegnerischen Standpunkt widerlegt haben. Das lenkt den Fokus der Diskussion auf die gegnerischen

Schwächen. Die zweite Diskussionsphase planen Sie, nachdem Sie Ihre eigene Lösung begründet haben. Das lenkt den Fokus auf die Vorteile Ihrer Lösung (Kellner: 2003).

In der Vorbereitung haben Sie Einwände schon als Ihre besten Freunde kennen gelernt, denn sie weisen Ihnen den Weg direkt zu den Werten Ihrer Zuhörer. Deshalb wäre es falsch, Fragen und Diskussionen erst zum Schluss zuzulassen. Im Gegenteil: Je früher und je reger die Teilnehmer Ihre Werte und Probleme offen legen, umso besser ist es für die Feinjustierung Ihrer Präsentation. Deshalb gilt für Einwände, Gegenargumente und kritische Fragen:

- Betrachten Sie Gegenargumente nie als persönlichen Angriff.

- Bleiben Sie immer freundlich.

- Wenn Sie sich trotzdem angegriffen fühlen: Gehen Sie einen Schritt auf den Sprecher zu (signalisiert Stärke) und wenden Sie sich leicht zur Seite (keine direkte Konfrontation).

- Loben Sie Ihre Gesprächspartner für ihren Scharfsinn, für die neuen Perspektiven, für die rege Beteiligung:
Das ist eine gute Frage ...
Schön, dass Sie danach fragen ...
Danke für Ihr reges Interesse ...
Sie zeigen eine neue Perspektive auf ...

- Lächeln Sie entspannt und schauen Sie Ihr Gegenüber aufmerksam an. Nicken Sie verständnisvoll.
Gerne gehe ich darauf ein ...
Gerne zeige ich Ihnen ...

- Schauen Sie dann wieder alle Teilnehmer an. Sonst langweilt sich einerseits die Gruppe und andererseits verstärkt sich die Konfrontation mit dem Kritiker.

Profi-Tipp: Körpersprache bei der Einwandbehandlung

- Bevor Sie antworten: Machen Sie eine Pause, denken Sie nach
- Besorgter Blick, Kopfnicken
- Langsam und ernst reden
- Kurze Sätze (keine Angriffsfläche bieten)
- Danach schweigen; Pausen aushalten
- Nicht frontal zum Angreifer stehen bleiben, sondern leicht schräg
- Nicht nach hinten weichen, das erscheint als Schwäche
- Nach der kurzen Antwort sich wieder der ganzen Gruppe widmen

Persönliche Angriffe:
Kontern Sie konsequent und ruhig (Steigerung: lächelnd). Machen Sie klar, warum Sie da sind (Informationen zu übermitteln!) und lassen Sie sich danach auf keinen Machtkampf ein.

Fragen während des Vortrags zulassen

Lassen Sie Fragen während der gesamten Präsentation sofort zu. Erstens bekommen Sie wichtige Informationen für die Richtung Ihrer Präsentation. Und zweitens: Was nützt es Ihnen, wenn Ihre Teilnehmer Sie nicht verstehen?

Beantwortung der Fragen der Teilnehmer:

- Passt die Frage und Sie wollen sie beantworten: alle anschauen und kurz und prägnant antworten.

- Passt die Frage, und Sie können sie nicht beantworten: Frage langsam in eigenen Worten wiederholen (Zeitgewinn). Fällt Ihnen keine passende Antwort ein: alle anschauen und Frage weitergeben zur Diskussion:
Dies ist eine sehr interessante Frage, die sehr kontrovers diskutiert wird. Mich würde interessieren, wie Sie das sehen ...
Nebenbei ist dies auch eine gute Möglichkeit, die monologische Struktur aufzubrechen.
Dazu stehen und eine Lösung anbieten:
Da bin ich im Moment überfragt. Ich informiere mich bei unserem Konstrukteur und schicke Ihnen morgen die Daten. Ist das so für Sie in Ordnung?

- Passt die Frage nicht in Ihre Dramaturgie: Würdigen Sie den Frager:
Das ist eine sehr interessante Frage. Verweisen Sie dann höflich darauf, dass Sie später genau darauf eingehen werden.

- Passt Ihnen die Frage inhaltlich nicht: Würdigen Sie wieder den Frager:
Das ist ein interessanter Aspekt.
Begründen Sie dann, warum Sie hier und heute nicht darauf eingehen. Bieten Sie dem Frager eine individuelle Lösung an:
Wir können uns gerne nach dem Vortrag darüber unterhalten.

Egal wie naiv Ihnen eine Frage erscheint – antworten Sie respektvoll, denn sonst haben Sie einen Gegner mehr, mit dem sich die anderen auch noch solidarisieren.

Diskussionsleitung: Wechseln Sie die Rolle

Wenn Sie die Aufgabe haben, während der Diskussion einen Konsens für eine Entscheidung herzustellen, dann tauschen Sie jetzt die Rolle des „Präsentators" mit der des „Diskussionsleiters".

Machen Sie sich zuerst klar, welches das **Diskussionsziel** ist, und achten Sie dann darauf:

- dass möglichst verschiedene Teilnehmer zu Wort kommen. Bremsen Sie Vielredner aus (geschlossene Fragen) und fordern Sie die Schüchternen auf (offene Fragen: W-Fragen).
- dass sich die Diskussion nicht im Kreis bewegt; bringen Sie dann neue Aspekte.
- dass keine Behauptungen ohne Begründungen angehäuft werden.
- dass auch bei unterschiedlichen Meinungen ein respektvoller Umgang mit Gegenargumenten herrscht.
- Antworten Sie auf alle Beiträge positiv: *„Das ist ein interessanter Aspekt ...", „Sehr gute Frage ...", „Die Frage sprengt leider unseren Rahmen, trotzdem vielen Dank."* Das animiert zum lebhaften Gedankenaustausch.
- Machen Sie Zwischenzusammenfassungen und deuten Sie mögliche Kompromisse/ Auswege an.

- Kündigen Sie den baldigen Abschluss der Diskussion an und fassen Sie das Gesagte noch einmal zusammen. Zählen Sie kurz die verschiedenen Standpunkte auf, die Entwicklung der Meinungen während der Diskussion und mögliche Lösungswege.
- Thematisieren Sie den Konflikt, falls ein Problem nur noch personenbezogen ist. Sprechen Sie Missbehagen und Störungen an. Denn bevor die Störungen auf der Beziehungsebene nicht geklärt sind, wird es auch auf der Sachebene zu keinen (tragbaren) Ergebnissen kommen.

Bauen Sie Brücken zu Ihren Teilnehmern

Achten Sie bei Präsentationen, in denen Ihr Erfolg nur von der Entscheidung Ihrer Teilnehmer abhängt, darauf, dass Sie Ihr Redeziel nicht aus den Augen verlieren. Und achten Sie darauf, keine Mauer zwischen sich und Ihren Teilnehmern zu errichten. In Diskussionen gilt der Spruch: „Es dauert Jahre, einen Kunden zu gewinnen, und Sekunden, ihn zu verlieren.“ Gegenargumente sind in diesem Fall nicht dazu da, damit Sie Ihren Scharfsinn und Ihre Schlagfertigkeit unter Beweis stellen. Nein, Freundlichkeit und Höflichkeit sind jetzt gefragte Tugenden – auch wenn es manchmal schwer fällt. Hier haben sich die so genannten Brückensätze (Thiele: 2004) bewährt. Bevor Sie auf einen Einwand oder ein Gegenargument antworten, bauen Sie mit einem Satz zuerst eine Brücke zu Ihrem Teilnehmer. Sie gewinnen zusätzlich Zeit für Ihre Antwort, Sie zeigen Respekt und Sie werden erleben, dass Sie dann ebenso respektvoll behandelt werden.

Im Folgenden einige Brückensätze als Anregung:

- *Ich kann Ihre Bedenken hinsichtlich ... verstehen ...*
- *Ich danke für Ihre Offenheit ...*
- *Ich verstehe, dass Sie jetzt überrascht sind ...*
- *Schön, dass Sie danach fragen ...*
- *Gut, dass Sie diese Frage jetzt stellen ...*
- *Prima, Sie haben sich ja bereits informiert ...*
- *Das ist eine wichtige Frage, die sorgfältig beantwortet werden muss ...*
- *Ja, ich weiß, was Sie meinen ...*
- *Ich verstehe Ihre Frage ...*
- *Ihre Einwände werden natürlich in unsere Überlegungen einfließen ...*
- *Von Ihrem Standpunkt aus betrachtet, ...*
- *Sie haben Zweifel, wie wir das schaffen sollen ...*
- *Ich schließe mich Ihrer Meinung an, bedenke zusätzlich ...*
- *Die wichtigsten Punkte haben Sie erwähnt, wichtig erscheint mir ...*
- *In vielen wichtigen Aspekten sind wir uns einig, wichtig erscheinen mir ...*
- *Sie meinen also ... (Wiederholung)*

Meiden Sie kompetenzmindernde Floskeln

Wollen Sie jetzt noch wissen, wie man ganz schnell und einfach die Wirkung einer perfekten Präsentation zerstören kann? Indem man möglichst viele kompetenzmindernde Floskeln und Ähs und Ähms benutzt. Ähs und Ähms lassen sich leicht reduzieren, indem man keine Angst mehr vor Pausen hat. Es handelt sich hierbei um Pausenfüller.

Schwieriger wird es mit Floskeln, die wir oft benutzen, denn die haben einen Logenplatz in unserem Gehirn. Hier hilft nur konsequentes Feedback Ihrer Partner oder Kollegen.

Abschwächende Wörter

- *eigentlich*
- *irgendwie*
- *vielleicht*
- *ein bisschen*
- *scheinbar*
- *vermutlich*

Unnötige Vorerklärungen

- *Also, wenn Sie mich fragen ...*
- *Ehrlich gesagt ...*
- *Ich will mal sagen ...*
- *Normalerweise würde ich sagen ...*
- *Ich will nicht lügen, aber ...*
- *Ich bin mir nicht sicher ...*
- *Ich weiß nicht genau, ob ...*
- *Vielleicht ist es ja so ...*

Unnötige Abschlussfragen

- *..., oder?*
- *..., oder passt es Ihnen nicht?*
- *..., sehen Sie das nicht auch so?*
- *..., oder glauben Sie, dass ich da keine Chance habe?*

Kompetenzmindernde Sätze

- *Ich habe da mal einen Vorschlag ...*
- *Wir haben versucht, eine Lösung zu finden ...*
- *Ich habe ein Problem ...*
- *Es ist wahrscheinlich keine gute Idee, aber man könnte ...*
- *Ich wollte mal fragen, ob es nicht vielleicht machbar wäre ...*

Entschuldigungen

- *Entschuldigung, darf ich auch mal was sagen ...*
- *Entschuldigen Sie meine Folien ...*

(Erweitert nach Thiele: 2004)

Vierte Szene: Schluss – bleiben Sie unvergesslich

Da der Schluss Ihren Teilnehmern am längsten im Gedächtnis bleibt und Sie erst hier Ihr Redeziel erreichen, ist er auch der Höhepunkt der Rede. Deshalb wird auch bei Zeitmangel nie der Schluss gestrichen – es werden die horizontalen Ebenen der Gliederung der Problemlöseformel gekürzt. Machen Sie körpersprachlich deutlich, dass Sie jetzt zum Schluss kommen. Stellen Sie sich auf den zentralen Raumanker. Machen Sie eine Pause und schauen Sie Ihre Teilnehmer an. Warten Sie, bis alle wieder ruhig sind. Sprechen Sie dann mit lauter und fester Stimme Ihren vorformulierten Abschlusstext.

Ein starker Abgang

Ein grober rhetorischer Fehler ist es, dem starken Abschluss noch etwas Banales anzuhängen wie „Das war's, Leute!" oder körpersprachlich Erleichterung sehr sichtbar zum Ausdruck zu bringen. Nach dem starken Abschluss ist Schluss! Machen Sie eine lange Pause, halten Sie den Applaus aus und laufen Sie nicht davon, schleichen Sie sich nicht auf Ihren Platz zurück. Bedanken Sie sich freundlich für Komplimente. Nehmen Sie Kontakt zu wichtigen Teilnehmern auf, tauschen Sie Visitenkarten aus oder machen Sie weitere Termine ab. Nutzen Sie diese Zeit, um gute Kontakte zu knüpfen. Reden Sie mit einzelnen Teilnehmern – aber: Hören Sie mehr zu, als dass Sie selbst sprechen. Erstens erfahren Sie jetzt wichtige Details, und zweitens haben Sie alles Wichtige bereits gesagt. Was Sie jetzt sagen, könnte unbedacht sein.

Moderates Pathos mit dem limbischen Multicode

Bewährt hat sich im Limbischen Kommunikationsmodell ein Abschluss im Multicode: Sie wiederholen kurz die zentralen limbischen Werte Ihrer Kernbotschaften in allen anwesenden Codierungen inklusive passender Körpersprache. Die Reihenfolge ist wichtig: logisch – strukturiert – gefühlvoll – experimentell. Denn so fangen Sie nüchtern im Jetzt an und gehen dann schrittweise zum visionären Pathos der Zukunft des experimentellen Redestils.

Ein Beispiel:
Carmen, die Innenarchitektin, könnte vor gemischtem Publikum so abschließen:
Unsere kurze Reise durch die Welt der Bürogestaltung hat es bewiesen: Unternehmen können durch effektives Bürodesign tatsächliche höhere Geschäftsergebnisse erreichen, Kosten reduzieren und Arbeitsprozesse erleichtern. Und die Mitarbeiter freuen sich täglich und fühlen sich wohl. Unternehmen können durch besseres Bürodesign ihre Kreativität ankurbeln, die Trends ihrer Branche bestimmen und ihre Visionen als Unternehmen sichtbar machen.

Sie können den limbischen Multicode nicht nur zum Abschluss einsetzen. Er eignet sich dafür, während der gesamten Präsentation immer wieder in einem Satz oder kurzen Abschnitt alle Teilnehmer zu motivieren. Er wirkt immer sehr rund, ausgeglichen. Er steigert sich vom nüchternen logischen Code über den strukturierten und gefühlvollen zum erhabenen experimentellen Code. Durch diese Klimax erreichen Sie ein moderates Pathos. Und der Abschluss ist aus rhetorischer Sicht der Ort, an dem das Pathos zu Hause ist. Hier dürfen Sie eindringlicher sprechen. Das spiegelt sich auch in einer engagierten Körpersprache und Stimme wider. Denken Sie an die klassischen großen Reden der Geschichte, die meist mit einem eindringlichen, leidenschaftlichen oder erhabenen Appell am Ende die Menschen zum Umdenken aufforderten.

6. Abschließende Bemerkungen

Sie haben mit diesem Buch nicht nur gelernt, wie Sie eine Präsentation erfolgreich vorbereiten und durchführen. Sie haben über das Limbische Kommunikationsmodell Einblicke gewonnen in einen der spannendsten Diskurse: Wer bin ich? Warum bin ich, wie ich bin? Wie kann ich mich ändern? Sie haben erfahren, dass Menschen unterschiedlich sind, unterschiedliche Werte haben und unterschiedlich kommunizieren. Bestimmt hat die Lektüre dieses Buches Sie angeregt, darüber nachzudenken, wer Sie sind und warum Sie sind, wie Sie sind. Und vielleicht haben Sie sich gefragt, wie Sie dieses Wissen auch in ganz andere Lebensbereiche integrieren können. Wir erleben gerade den Thronsturz des Großhirns zugunsten des Limbischen Systems. Wenn wir von den unbewussten Limbischen Instruktionen gelenkt werden, wie frei sind wir dann überhaupt noch? Wie viel Macht haben unser Verstand und unsere Vernunft überhaupt? Gibt es dann noch so etwas wie Verantwortung? Sind wir Sklaven unserer Limbischen Instruktionen? Oder können wir uns, zumindest innerhalb einer bestimmten Prägung, frei entscheiden? Das sind die Fragen, die zurzeit diskutiert werden.

Meiner Erfahrung nach ist die limbische Wende kein Rückfall in eine fatalistische Haltung. Im Gegenteil: Sie kann uns zeigen, welche Richtung unser Dasein hat, welchen Sinn unser Leben aus evolutionärer Sicht hat und welchen Beitrag wir durch unser Sosein zur Gesamtheit leisten. Sie macht uns mit unserer natürlichen Begrenztheit, aber auch mit unseren natürlichen Stärken bekannt. Sie kann uns vor vielen Irrungen und Wirrungen auf dem Weg zu einem erfüllten Leben bewahren. Denn wenn Menschen unterschiedlich sind, dann brauchen Sie auch Unterschiedliches, um glücklich und zufrieden zu werden. Vorbei ist die Zeit monokausaler Glücksverheißungen nach dem Motto „Die neunzehn Stufen zum Erfolg“. Die Zeit der eindimensionalen Seminar- und Ratgeberkultur neigt sich dem Ende zu. Denn was den einen weiterbringt, kann sich als kontraproduktiv für den anderen erweisen. Sie können lernen, bewusster wahrzunehmen, was Sie zufrieden und glücklich macht – wann Ihre Limbischen Instruktionen Sie mit guten Gefühlen belohnen. Sie können lernen, nicht blind den unbewussten Programmen des Limbischen Systems zu folgen, sondern bewusst andere Wege als die automatisch ablaufenden zu wählen. Einen ersten Schritt haben Sie mit diesem Buch getan, als Sie Ihre Präsentation nicht nur in ihrem eigenen, unbewussten Redestil vorbereiteten, sondern bewusst neue Redestile situativ in Ihr Repertoire aufnahmen.

Auch im betrieblichen Kontext bedeutet das Modell eine Bereicherung. Es zeigt sich, dass Diversität Teams und Unternehmen erfolgreicher macht. Denn je mehr unterschiedliche Denkstile an einer Aufgabe arbeiten, umso ganzheitlicher und vollkommener ist das Ergebnis. Vorausgesetzt, dass die Unterschiedlichkeit nicht in Missverständnisse und Konflikte mündet. Hier kann das Limbische Kommunikationsmodell Teams darin unterstützen, sich zu verstehen, sich wertzuschätzen und vor allem mit weniger Verlust zu kommunizieren. Die limbischen Kommunikationsregeln dieses Buches können Ihnen helfen, mit Menschen zurechtzukommen, mit denen Sie bisher nicht so gut ausgekommen sind. Wenn wir reibungsloser, wertschätzender und produktiver im Team oder innerhalb der unterschiedlichen Abteilungen zusammenarbeiten, steigern wir den Wert eines Unternehmens.

Und auch für das gesamte menschliche Zusammenleben bedeutet das Modell eine Bereicherung. Wir brauchen, um als Menschheit erfolgreich zu sein, alle unterschiedlichen limbischen Gehirntypen mit ihrer speziellen Art zu denken, Probleme zu lösen und Zukunft zu gestalten. Wir brauchen, um im Gleichgewicht zu bleiben, die Ausgewogenheit und das Korrektiv der Unterschiedlichkeit. Gewinnt ein bestimmter Denkstil, gerät das Zusammenleben aus der Balance. Und hier setzt meiner Meinung nach auch die Funktion der Rede, der Präsentation ein: Sie ist der Ort, an dem jeder von uns seinen Beitrag für die Balance der Gesamtheit leisten kann, indem wir unsere Ideen, unsere Sichtweise so klar, so verständlich und so überzeugend wie möglich vortragen.

Die Zeit, die Sie jetzt investiert haben, um das Limbische Kommunikationsmodell zu verstehen, rechnet sich später: bei jeder kürzeren, präziseren und erfolgreicheren Präsentation. Und diese Investition rechnet sich auch in Zahlen: wenn Sie mit Ihrer Präsentation mehr Aufträge generieren oder allgemein zu besseren Entscheidungen kommen. Benutzen Sie das Modell als Anregung und Inspiration – lassen Sie Ihre eigene Kreativität zu und beobachten Sie, wie viel Spaß es machen kann, die eigenen Denkgrenzen zu überschreiten. Sie bekommen ein gutes Gefühl dafür, wie Menschen denken und was Sie brauchen. Sie lernen, auf unterschiedlichste Menschen entspannter und freier zuzugehen und sie besser zu verstehen. Und Sie lernen sich selbst besser kennen.

Wenn Sie das limbische Modell und die rhetorischen Techniken üben möchten, wenn Sie Feedback wünschen oder Training – schreiben Sie mir einfach oder rufen Sie an.

Haben Sie Interesse an Ihrem eigenen HBDI-Profil?

Den Fragebogen finden Sie unter:
www.hermann-ruess.de

Oder fordern Sie ihn einfach telefonisch an:
Telefon: +49 (0) 75 20 92 31 53

7. Vertiefende und weiterführende Literatur

Gehirn und Persönlichkeit

Häusel, Hans-Georg
- Think Limbic! Die Macht des Unbewussten verstehen und nutzen für Motivation, Marketing, Management
Rudolf Haufe Verlag, München, 2003
- Brain Script. Warum Kunden kaufen
Rudolf Haufe Verlag, München, 2004

Herrmann, Ned
- Kreativität und Kompetenz. Das einmalige Gehirn
Paida Verlag, Fulda, 1991
- Das Ganzhirn-Konzept für Führungskräfte: welcher Quadrant dominiert Sie und Ihre Organisation?
Ueberreuter, Wien, 1997

Herrmann International Deutschland
Seminarunterlagen und Charts, Weilheim

Spinola, Roland und Peschanel, Frank
Das Hirn-Dominanz-Instrument. Grundlagen und Anwendungen des Ned-Herrmann-Modells für die Personalentwicklung
Gabal, Offenbach, 1988

Spitzer, Manfred
Lernen. Gehirnforschung und die Schule des Lebens
Spektrum Akademischer Verlag, Heidelberg und Berlin, 2002

Rhetorik und Kommunikation

Aristoteles
- Rhetorik, übersetzt und herausgegeben von Gernot Krapinger
Reclam, Stuttgart, 1999
- Topik, übersetzt und herausgegeben von Tim Wagner und Christof Rapp
Reclam, Stuttgart, 2004

Berckhan, Barbara
Die etwas intelligentere Art sich gegen dumme Sprüche zu wehren
Heyne Verlag, München, 2001

Braun, Roman
Die Macht der Rhetorik. Besser reden – mehr erreichen
Redline Wirtschaftsverlag bei Ueberreuter, Frankfurt und Wien, 2001

Cicero, Marcus Tullius
- De inventione (Über die Auffindung des Stoffes) und De optimo genere oratorum (Über die beste Gattung von Rednern), Lateinisch-Deutsch, übersetzt und herausgegeben von Theodor Nüßlein
Wissenschaftliche Buchgesellschaft, Darmstadt, 1999
- De oratore – Über den Redner, Lateinisch-Deutsch, übersetzt und herausgegeben von Harald Merklin
Reclam, Stuttgart, 3. bibliografisch ergänzte Auflage, 1997

Charvet, Shelle Rose
Wort sei Dank. Von der Anwendung und Wirkung effektiver Sprachmuster
Junfermann, Paderborn, 2001

Fey, Gudrun
Gelassenheit siegt. Mit Fragen, Vorwürfen, Angriffen souverän umgehen
Walhalla und Praetoria, Berlin, Bonn, 2005

Hierhold, Emil
Sicher präsentieren – wirksamer vortragen
Redline Wirtschaftsverlag bei Ueberreuter, Frankfurt und Wien, 2005

James, Tad und Shephard, David
Die Magie gekonnter Präsentation
Junfermann, Paderborn, 2002

Kellner, Hedwig
Projekte präsentieren
Hanser, München und Wien, 2003

Pöhm, Matthias
Vergessen Sie alles über Rhetorik: Mitreißend reden – ein sprachliches Feuerwerk in Bildern
mvg-Verlag, München, 2002

Sarnoff, Dorothe
Auftreten ohne Lampenfieber
Campus, Frankfurt am Main, 1992

Saxer, Umberto
Bei Anruf Erfolg
Redline Wirtschaftsverlag bei Ueberreuter, Frankfurt und Wien, 2. aktualisierte und erweiterte Auflage, 2004

Thiele, Albert
Argumentieren unter Stress. Wie man unfaire Angriffe erfolgreich abwehrt
F.A.Z.-Institut, Frankfurt am Main, 2004

Ueding, Gert
Grundriss der Rhetorik – Geschichte, Technik, Methode
Metzler, Stuttgart, 4. aktualisierte Auflage, 2005

Quintilianus, Marcus Fabius
Ausbildung des Redners. Zwölf Bücher herausgegeben und übersetzt von Helmut Rahn
Wissenschaftliche Buchgesellschaft, Darmstadt, 1995

Präsentationstechnik und Multimedia-Learning

Atkinson, Cliff
Erzählen statt aufzählen. Neue Wege zur erfolgreichen PowerPoint-Präsentation
MicrosoftPress, Unterschleißheim, 2005

Atkinson, Cliff und Mayer, Richard E.
Five Ways to Reduce PowerPoint Overload, 2004, www.beyondbullets.com

Mayer, Richard E.
Multimedia Learning
University Press, Cambridge, 2001